運命を拓く×心を磨く

渋沢栄一

THE GREAT PERSON EIICHI SHIBUSAWA

阿部正一郎 訳

SOGO HOREI PUBLISHING CO., LTD

※本書は『超訳　論語と算盤』（総合法令出版刊）の改訂新版です。

渋沢栄一、至高の言葉八選

一、

論語と算盤《そろばん》は、とても遠くて近いもの。論語とは道理である。算盤とは経済活動だ。経済にも道理（ルール）がなければいけない。なぜならば、道理がなければ一時的な利益は生まれるが、社会を発展させる恒久の利益は生まれない。何の道理も持たないでお金ばかり追求する企業は真の成長はできない。

二、孟子も、「敵国や外敵がないと国は必ず亡《ほろ》んでいくものだ」という。ライバルを妬《ねた》むのではなく、敵やライバルに必ず勝ってみせるぞという気がなくては、人は決して上達、進歩するものではない。

三、小事がかえって大事となり、大事が案外小事となることもある。馬鹿にしてしまう小事も積み重ねると大事になることを忘れてはいけない。

四、身体は歳と共に衰えていくが、精神は強靱でなくてはならない。そのためには、学問（学ぶこと）が重要である。新しいことを常に取り入れ、好奇心が旺盛で向上心があり、知恵と教養が豊かな「文明の老人」をめざすべきだ。

五、

志には小さな志と大きな志がある。小さな志とは、自分の願望をあらわした、いわゆる目標や夢のようなものだ。大きな志とは自分の行いが社会貢献に役立つ使命のようなものである。小さな志は状況によって変わるが、大きな志は一度、志を立てれば変わることがない。

六、

よい習慣を多く持つ人が善人となり、悪い習慣を多く持つ人が悪人となる。なぜなら、日頃の習慣が重なり、それが心の働きにも影響を与え、そうして人格がつくられていくからである。

七、お金は社会の力をあらわす道具である。単に貴ぶだけでなく、よく使って社会を活発にして、経済の発展を促すようにしなければならない。よく使うというのは、善いことに大いに使おうということだ。

八、修養（学問を修め、より高い人格形成をめざし、道徳を身につけること）には際限がないが、空論に走ることは慎むべきだ。学問と現実の道のバランスを取るには、極端に偏らない中庸をめざすべきである。

great person

EIICHI SHIBUSAWA

渋沢栄一、至高の言葉八選

はじめに

渋沢栄一は「日本近代経済の父」あるいは「日本資本主義の父」と呼ばれている。それほどに明治維新後における日本の経済そしてビジネス界で重要な存在であった。多くの銀行や会社を立ち上げ、育て、後進の者たちにそれを任せ、譲っていった。

こうして日本の社会に今につながる資本主義経済の基礎をつくり、発展させていった。

その発展は〝世界の奇跡〟でもあった。

渋沢栄一は、他方で『論語と算盤』を常に唱えていたことでもよく知られていた。

渋沢の孫の穂積重遠は法学者で上皇が皇太子時代における教育係でもあったが、『新訳論語』（講談社学術文庫）の著者としても大いに注目された。その本の「はしがき」には次のような文章が載せられている。

「祖父の渋沢栄一が『論語と算盤』を標語としたほどの大の論語信者だったことは相当有名だが、まだ子供だった私に一冊の『ポケット論語』をくれた」

そしてその後、穂積が大学生のときには、渋沢栄一が中心となって先生を呼んで、子供や孫たちといっしょに勉強したことにも詳しく触れている。このことは、本書『論語と算盤《そろばん》』にも書かれている。いかに渋沢栄一が論語を人生のすべての基本にしていたのかがよくうかがえる話である。

なぜ経済に論語が必要なのか？

ところで明治以後、当時の日本の経済発展と資本主義の進展が欧米社会にとって〝奇跡〟と呼ばれたのには理由がある。

それは資本主義という新しい経済のしくみがアメリカとイギリスなどの一部ヨーロッパ諸国以外には生まれ育たなかったことに関係がある。

富を極度に集積して、巨大な資本を生み出し、それによって大きな工場を作り、大量生産を繰り返すというこの特異な生産体制について、ドイツの社会学者マックス・ウェーバー（1864〜1920）は、一つの仮説を立てた。それは、**資本主義経済という経済の仕組みは、キリスト教の中の新教であるプロテスタントの宗教的倫理観にもとづく働き方によって生み出されたと考えたのである。**

誠実さを持って、勤勉に仕事に打ち込むこと、そしてそれによって適正に利益を得ること、合理的に計算し真摯《しんし》にビジネスを運営していくことが認められ、普及することによって、社会に役立つための巨大な富が集積することになり、初めて資本主義経済が成立するというのである。マックス・ウェーバーはもちろん気づかなかったが、アジアの小さな島国に、ちょうどこの資本主義の精神と同じような精神があった。それが日本の武士道精神である。しかし、武士道精神は武士の持つものである。これを事業家・ビジネスマンたちにいかに移行するのか。そこに登場したのが渋沢栄一だったのである。

渋沢栄一はもともと武士ではない。農民の子である。しかし、能力のない武士が我が物顔をして、権力をふるっていることに義憤を覚えていた。そこで武士にならなければ国を変えることはできないと**志（小さな志）を立てた**。そして第十五代将軍徳川《とくがわ》慶喜《よしのぶ》の家臣となった。才気煥発《さいきかんぱつ》な渋沢はヨーロッパにも派遣され、資本主義の何たるかを若くして学んだ。そして、明治維新が訪れ、渋沢も生き方を変えねばならなくなった。

ところが、渋沢も後に語っているが、自分は政治家に向いていないと悟った渋沢は、明治六年（1873）に大蔵省を退官し、実業界で社会に貢献すると**志（大きな志）を立てた**。三十三歳のときである。しかし、武士の世から明治の近代国家へ移り、当時は経済混乱期でもあった。産業の状況を見るにつれ、道理をわきまえずに、ビジネスをしている人が多いことに気づいた。

そこで、渋沢は武士道精神、特にその中核の一つである「論語」の教えこそ、日本のビジネス道の基本としなくてはいけないと考えたのである。利に聡《さと》い人間ばかりでは、経済は発展しない。そして、もちろん経済が発展しなければ富の集積もあり得ない。

すなわち資本主義経済が発展しないのである。まさに「日本の資本主義の父」の名にふさわしい人生だった。われわれは、この渋沢が遺してくれた〝財産〟によって、明治の新時代も、敗戦の痛手からの奇跡の回復も成し遂げることができた。経営学者ピーター・ドラッカーが日本の経済発展、企業経営に（そして渋沢栄一に対しても）強い共感を持っていたのも、このためだった。

苦難の時こそ渋沢の言葉を読む

ところが日本経済が絶頂を迎え、アメリカ経済をも凌《しの》ごうとする勢いのとき、いわゆるバブル経済が破たん。そしてその後の苦しい状況が長くつづいている。しかも、経済成長率は、世界第四位に転落してしまった。

しかし不況というが、明治の初めの時代を見よ。敗戦後の日本経済を見よ。何もない、ゼロのようなものだったではないか。

あるのは渋沢が目をつけた武士道精神の遺産と論語を生活の実践にまで高めていた日本人の勤勉な精神と強い向上心、冒険心（起業家精神）だけだったではないか。

だからいつも謙虚に渋沢栄一に返る必要がある。特に苦難のとき、困難のとき、大不況のときである。渋沢栄一が日本人のために遺してくれた『論語と算盤』は、日本のビジネスパーソンのバイブルなのである。**令和六年七月ごろには渋沢栄一の顔が印刷された新一万円札も発行される。**選ばれた理由は、傑出した業績を残し、新たな産業の育成にも大きく貢献したからだ。苦難の時代にあって、もう一度、渋沢の言葉を読めば、逆境から立ち直るきっかけになるだろう。

（なお、本書は渋沢栄一の著書を、今を生きる読者の方々に読みやすいよう思い切った現代語訳【いわゆる超訳】をしたものである。したがって文責は当然すべて現代語訳者にあることを念のために述べておきたい）

令和六年一月吉日　阿部正一郎

渋沢栄一、至高の言葉八選 3
はじめに 8

第一章

わが信条

論語と算盤《そろばん》は、とても遠くて、とても近いもの 26
武士道精神と商才（ビジネス成功の知恵） 28
人間通 30
天罰の意味 33
人物の観察法 36
論語に従って一生ビジネスをする決意 38
論語の勉強はおもしろい 40
負けず嫌いと時を待つ心がけ 42
官尊民卑は日本の弊害 43
人材の配置に私心を入れない 44

負けん気、争う心 46
逆境について 48
誠実と思いやり 50
道徳や倫理は身近なところから 51
自分を知る（カニ穴主義） 53
淫《いん》りに流れすぎることなく、
心を傷めるほど悲観しない 55
大事と小事 57
小事の場合の注意点 59
好調の時代と失意の時代 61

第二章

立志と学問

細かいことにこだわりすぎるな 66
精神的老衰の予防法 69

現在において正しいことを行う 72
血気盛んに挑戦する 75
秀吉の勉強意欲に学ぶ 78
自ら箒を取れ 81
目の前の仕事に全力を尽くす 83
大きい志を立てる 88
社会と学問の関係 90
一生涯に進むべき道 93

第三章 常識と習慣

常識とは何か 98
口は禍福の門 100
人も社会も習慣でつくられる 102
天の道ははたして是か非か 104

人生は努力にあり 107
正しい判断ができ、まちがった判断をしないための鍛錬 110

第四章

仁義と利益追求

ビジネスの本質 114
お金を考える 117
孔子にみるお金儲けと出世についての見方 119
お金はよく集め、よく使え 121

第五章

理想と迷信

道理ある希望を持て 124
趣味の心と熱誠の仕事と 126

人生観の両面……129
ある祈とう師の失敗……132
利益の追求と道徳……136

第六章 人格と修養

人の価値をどこで測るか……140
修養は理論ではない〜孔子の教えを実践する日本人……143
平生の心がけが大切……146
私の「修養のすすめ」批判への反論……149

第七章 算盤と権利

仁の実践にあたっては師に譲らなくてよい……154

ルーズベルトとの会話そしてその後の日米関係を心配した話 …… 157
ただ王道あるのみ …… 161
善の競争と悪の競争 …… 163
合理的な経営 …… 165

第八章

ビジネスと武士道

武士道はすなわちビジネス道である …… 170
いきすぎた外国崇拝との訣別 …… 172
信こそすべての本である …… 174

第九章 教育と師弟関係

親孝行は強いるべきものではない 178
現代教育の問題点 181
知育と徳育 185
就職難の原因 188

第十章 成功・失敗と運命

仕事の進め方 192
失敗か成功か 194
順境と逆境 197
道理に従って事をなす者は必ず栄える 200
人事を尽くして天命を待て 204
成敗は身に残る糟粕《そうはく》 205

参考文献 …… 206

装丁・ブックデザイン：木村勉
DTP：横内俊彦
校正：髙橋宏昌

第一章

わが信条

great person
EIICHI
SHIBUSAWA

論語と算盤《そろばん》は、とても遠くて、とても近いもの

今の世で最も重要な人生の教えは「論語」にある。**論語とは、仁義道徳、つまり簡単に言えば道理のことだ。算盤とは経済活動のことである。**一見すると、この二つのことは、まったく相容《あいい》れないもののような気がする。

しかし、本当はそうではない。道理がなければ、経済活動は発展しないし、経済活動がなければ、道理も維持できないのである。

道理がなくては、経済活動は発展しないというのは、なぜだろうか？　私たち人間は、仁義道徳などの信念に基《もと》づいて行動している。ただ、私利私欲を求めて生きているわけではない。経済活動がなければ道理も維持できないというのは、なぜだろうか？「衣食足りて礼節を知る」という言葉がある。生活を維持できる経済活動があっ

てこそ、道理を守ろうというものである。

だからこそ、論語（道理）と算盤（経済活動）は「とても遠くて、とても近いもの」なのである。

私は、資本主義社会の発展は、一心不乱に強い欲望をもって利益をはかることに努めなければ、うまくいかないものであると考えている。

しかし、何の道徳の根拠にもとづかず、ひたすら、むきだしの豊かさや繁栄を求めて突っ走る社会は、決して真の資本主義社会をつくれるものではない。

正しい道徳を完全なものとしながらの経済活動そしてビジネス活動でなければ、国の繁栄は成り立たない。国の富や繁栄というものは、仁義道徳、正しい道理に根源がなければ、決して永くつづくものではないのだ。

こうして論語（道理）と算盤（経済活動）を一致させていくことが今日の私たちにとって最も緊急で重要な課題テーマだと考えるのである。

武士道精神と商才（ビジネス成功の知恵）

かつて菅原道真（845〜903）は、心は伝統的な日本人の精神を宿すべきだが、学問・技芸は外国に学ぶべきといった。これを和魂漢才《わこんかんさい》という。これはなるほどよい着眼点だと思った。これに対して、私は常に武士道の精神と商才（ビジネス成功の知恵）をあわせ持とうということを提唱している。

すなわち、人の世をしっかりと生きていくためには武士道精神が必要であるが、これに偏りすぎて商才がまったくないと経済的に自滅しかねない。したがって武士道精神とともに商才がなければならないのである。まず武士道精神を養うにはどうすべきか。

そのためには論語が最も重要である。では、商才はどうか。

これもまた論語によって養えるのである。論語という道徳上の書物と商才とは何の関係もないように思われるかもしれない。しかし、この商才というものは、世界の歴史を見てもわかるように、もともとは道徳を根底として生まれてきたものだ。

道徳と離れた不道徳（道義に反すること）、欺瞞《ぎまん》（人をだまし、欺くこと）、浮華《ふか》（うわべは華やかで、実質が伴わないこと）、軽佻《けいちょう》（考えが浅く、調子に乗って行動すること）という商才は、小才子、つまり、ずる賢いだけであって、真の商才とはならないのである。そんなずる賢い人間とビジネスをしたいという人はどれほどいるのだろうか？　ほとんどいないだろうし、いるとすれば、あなたを罠にはめようとする詐欺師だろう。

つまり、結局、長い目で見ればビジネスで成功するための商才は道徳と離れてはいけないのがわかる。だからこそ論語によって養っていけるものとなるといえるのである。

人間通

わが国には偉人、英雄がたくさんいる。その中でも戦いにおいても最も強く、そのうえ人間通だったのは徳川家康であろう。その家康の人間通が、徳川時代の二百年以上にわたる平和の世をもたらしてくれたのである。その家康の人間通としての知恵を、言葉として遺してくれているが（神君遺訓《しんくんいくん》）、その大部分は、論語から出ている。

たとえば

『人の一生は重い荷物を背負って遠い道を歩きつづけるようなものだ』

とあるのは、論語の

「世のために大きな仕事を成し遂げていこうとする者は、広く包容する力と強い意志を持たなくてはいけない。その任務は重く、道は遠いからである。この道は死ぬまでつづくのだ。何と遠いことだろうか」

というものから来ている。

また、

『何事も自分を責めるようにし、人を責めてはいけない』は、論語にある「優れた人間というのは自分が立ちたいと欲したときには、まず人を立たせる。自分が成し遂げたいと欲したときには、まず人を成し遂げさせる人」のことだ。

さらに『やりすぎないほうがやりすぎるよりよい』は、論語の「やりすぎは、やり足りないのと同じだ」を参考にしている。

『がまんして耐えることこそ幸福の基となる。他人への怒りは人生の敵と思え』は、論語の有名な「克己《こっき》復礼《ふくれい》」の意味で「内に向かっては自分に勝ち、外に向かっては他人に礼儀正しくあれ」ということだ。

このように家康を見てわかるように、**人の世において適正に生き抜き、誤った方向に進まないためには、論語を熟読せよと私はいうのである。**

世の中の進歩に従って欧米各国から新しい学説が入ってくる。しかし、その新しいやり方は私たちから見れば古いもので、すでに東洋の考え方で数千年前に指摘したことと同じ場合が多い。欧米諸国の日進月歩の新しいものを研究するのも必要だが、東洋古来の古いものの中にも捨てがたい者があることを忘れてはならぬ。

天罰の意味

孔子（前551～前479）が論語の中で「そもそも天にそむいていたら、いくら祈っても何も意味がない」というときの天とは、はたしてどんなものなのだろうか。

私は、天とは天命の意味だと考える。孔子も、そう考えていたと信じている。人間が世の中に生きて働いているのは天命である。草木には草木の天命があり、鳥や獣には鳥や獣の天命がある。

この天命がすなわち天の配剤となってあらわれ、同じ人間のうちにも、酒を売ったり者があったり、モチを売ったりする者があったりするのである。

こうしてすべての人間が、天命に従って行動していくことになる。

そこで孔子が言った「天にそむく」というのはどういうことか考えると、それは、無理なことをして不自然な行動に出ることであるといってよいだろう。

無理を通して不自然な行動をすれば、必ず悪い結果をもたらしてしまうのである。

これは自らが招いたいわゆる因果応報だから、他の何に頼ろうともダメなのである。

これが、孔子の言う「いくら祈っても何も意味がない」ことなのだ。

孔子は、

「天は何か物を言うだろうか、何も言わない。それなのに四季はめぐり、万物も成長している」

とも述べている。

すなわち天罰というものは、天が別に物を言ってその人に罰を加えるのではなくて、周囲の事情によってその人が苦痛を感じるようになるだけなのである。

人間がいかにこの天罰から免れようとしても、決して免れることはできるものではない。自然に四季がめぐり、天地に万物が生育するように、天命は人の身の上に行われていくものだからである。

だから、人がいかに神に祈ろうと、仏に頼もうと、無理を通したり、不自然な行為をすれば必ず、因果応報はその人の身の上にめぐり来て、とうていこれを逃れるわけにもいかなくなる。

自分の心に省かえりみて、やましいことがない者にして初めて、孔子の述べる次のような強い心境となれるのである。

「天から仁義道徳を広める使命をもって天下のために生きる私なのだ。悪人が私をいじめ、殺そうとしてもどうしてそんなことができようか。天はそういうことをするものではないのだ」

人物の観察法

幕末の儒学者佐藤一斎（1772〜1859）は、人と初めて会ったときに得た印象で、その人を判断するのが最もまちがいのない人物観察法であると述べた。

また孟子の人物観察法は、人の眼によってその人物のいかんを鑑別するというものである。精神の正しくない者は何となく眼にくもりがあるが、精神の正しい者は眼がすっきりとしていてよどみがないというのだ。以上は簡単で正しい人物観察法だと思うが、人を真に知るためにあるのが孔子が教える次の三段階人物鑑定法である。

すなわち、

「まずその人の行っているところをよく注意して見る。次にその行為の原因、動機を見抜く。さらにその行為の結果に対してどのように安心、満足するかを観察する。そうすれば、その人の人間性はすっかりとわかってしまうものだ。隠すことなどできないはずだ」

というものである。

確かに、いかに外部にあらわれる行為が正しく見えても、その行為の動機になる精神が正しくなければ、その人は決して正しい人であるとはいえない。時には悪をあえてすることがないではない。また、外部にあらわれた行為も正しく、その動機となった精神が正しいとしても、手に入れた富や地位に対して、ぜいたくや華美、自慢、蓄財などに喜びを感じているようでは、時に誘惑に負けて、思わぬ悪事を行うようになる。

こうして、①行為、②動機、③満足（何を喜ぶか）の三つの点がそろって正しくなければ、その人はすべてにおいて正しい人間とみることはできないのである。

論語に従って一生ビジネスをする決意

官界から民間のビジネス界に転じることを決意した私は、志をいかに持つべきかを考えた。そこで、常に論語に従ってビジネスをし、利益をはかることができると考えこれを実践していくことを決めた。明治の新しい時代になって、わが日本は、政治でも教育でも多く改善すべき必要があったが、最も遅れているのがビジネスの世界だった。

この分野がこのままダメだと、日本の経済力はまったく伸びないままとなる。何とかして各ビジネスを発展させ、日本を豊かな国にしていかなければならないと考えた。

そこで私も、論語をもってしてビジネス上の利益をはかっていく決心をし、役人を辞めてビジネス界に入ったわけである。

官界にいて、そこからいっしょに大臣になって国のために尽くそうと語り合った友人（玉乃世履《たまのよふみ》、後の大審院長）は、卑《いや》しむべきお金に目がくらんだのかと私を強く批判した。

そこで私は、彼に言った。

「私は論語を一生貫いてみせる。お金を扱うということがなぜ卑しいのだ。君のように金銭を卑しむようでは国家は成り立っていかない。官が偉い、官の地位が高いとか、身分が高貴であるとか、そういうことが正しくて尊いというものではないだろう。人間の勤むべき仕事はいたるところにあって、すべてに尊いはずである」

こうして、私は、論語の教えに従って一生ビジネスをやってみようと決心したのだ。

論語の勉強はおもしろい

論語でビジネスを一生つづけると宣言した以上、さらに論語を勉強しなくてはならなくなり、中村敬宇《けいう》（1832～1891／『自助論』の翻訳者としても有名）先生や、信夫恕軒《しのぶじょけん》（1835～1910／漢学者・東京大学講師）先生に学んだりした。

その後には、子供や孫たちを含めて、いっしょに宇野哲人《てつと》（1875～1974中国哲学研究者）先生にお願いし、勉強会を開いたりもした。子供たちは論語を学ぶのが初めてなので、いろいろな質問や解釈の意見が出て、なかなかおもしろくて、有益であった。

一章一章、先生が講義し、みんなで考えながら納得のうえ次にいくので、なかなか進まないけれども、その代わりによくわかり、子供たちも大変おもしろがるのであった。

こんな感じで、私は五人の先生に学んで論語を勉強してきた。

もちろん学者でないから時には深い意味を知らずにいたところも多い。

しかし、それでも自分なりの勉強をつづけている今、私なりに深い意味を含んでいることを見出して、悟るところも多くなってきた。こうしてみると論語というのは決して難しいものではないのがわかる。学者でないと理解できないものではないのである。

論語の教えは、広く世間一般に役立つものであって、もともとわかりやすいものなのだ。従来は、そのおもしろくてわかりやすい論語というものを学者が難しくしてしまい、権力者や支配階級の都合のよいものとしていたところがあった。しかし、こうであってはならないのだ。それは大いなるまちがいである。怖くてやかましい見張り番のようなもので、孔子への面会を邪魔する存在であったといえよう。孔子は、案外さばけた人で、どんな素人でも一般の人間でも、気やすく会って教えてくれる人なのである。そして私たちの身近で必要な、役立つ教えを与えてくれるのである。

負けず嫌いと時を待つ心がけ

苟《いやしく》も人として生まれた以上、競争心は持たなくてはいけない。

特に若い時は、絶対に争うことはしないというような卑くつの根性だと、とうてい進歩も成長も見込めない。社会の進歩、発展のためにも競争は必要なのである。

ただし、「この志のためには争いも避けない」という気概を持っていても、時期を待つことの必要性もあることが、人生で求められていることをよく知っておかなくてはならない。**世の中のことは、すべて原因と結果の関係でできている。**だから原因を無視して結果だけを変えようとしても不可能なのである。このことから、人が世の中を生きていくうえでは、しばらくよく観察をして気長に時の到来を待つことも忘れてはならない心がけだといえよう。

官尊民卑は日本の弊害

日本の現状で私が最も遺憾に思うのは、いわゆる「官尊民卑の弊害」がなくならないということである。官僚、役人にある者であれば、いかに不都合なことをやっても、たいていは見過ごされてしまうのだ。たまたま世間で騒がれて、裁判になったり、辞めさせられたりすることもあるが、ほんのわずかな例でしかない。

これに反し、民間においては、少しでも不都合があると、ただちに摘発されて、罪を問われることになる。**官であろうと民であろうと、一方は寛大にし、一方には厳しくするようなことがあってはいけないというべきである。**国家の発展への貢献を賞すること、叙勲の決定においても同様のことである。民間と官僚が対等、平等となってこその真の経済社会の発展であることを忘れてはいけない。

人材の配置に私心を入れない

わが国の古今を通じて、徳川家康という人ほど巧みに適材を適所に配備して、わが家の安泰を守った人はいない。私も、適材を適所に配するうえでは、この家康の知恵にあやかりたいと苦心している。ただ人材を配置する〝目的〟においては、家康に学ぶところはまったくない。つまり、人を道具として、自分や家の勢力を築こうなどという私心はまったく持っていない。自分の利益のために、有能な人材を用いたいなど決して思わない。私の願うところは適所に適材を得ることにある。

これによってなんらかの功績を挙げることができれば、その人の国家や社会への貢献となり、そのことが私の国家や社会に貢献する道となるというにすぎない。私はこの信念の下《もと》に人物を待つのである。私がいかに一日の長がある人間だからといって、人が私のところに来て働いてくれるにしても、その人が私に一日の及ばざるところがあろうとも、私はその人のことを見下したり、卑しめたりはしたくない。

人は平等でなければならない。私を徳とする人もあろうが、私も人を徳としている。

世の中は持ちつ持たれつである。私もおごらず、彼もあなどらず、お互いに信頼し、協力し合っていけるように私は勤めているのである。

負けん気、争う心

私に対して、世間では「あまりに円満すぎる」などとの非難もなされているらしい。しかし、私は、みだりに争うことはしないものの、世間の人が考えているように「争いを絶対に避けるのを人生第一の方針としている」ような円満な人間ではない。

孟子も、

「敵国や外敵がないと国は必ず亡《ほろ》んでいくものだ」

といっている。

いかにもその通りである。国家が健全なる発達をとげていくには、ビジネスにおいても、学術・技芸においても、外交においても、常に外国と争って必ずこれに勝ってみせるという意気込みがなければならない。このことは国家のみならず一個人も同じである。

常にまわりに敵やライバルがあって苦しめられ、その敵やライバルに必ず勝ってみせるぞという気がなくては、人は決して上達、進歩するものではないのだ。

逆境について

逆境には自然的な逆境と人為的な逆境がある。自然的な逆境というのは、幕末の動乱のように、時代そのものが逆境となってしまう場合である。人為的な逆境というのは、主に、自ら招いた逆境ということである。まず自然的な逆境に立った場合には、これが自分の人生なのだと覚悟するのが唯一の策であろう。

つまり、この時代に生まれたのが自分の天命であり、役割なのだと覚悟するのだ。**足るを知るの心がけで自分の分（役割分担）を守り、天命であるからしかたないのだと思っていれば、どんなに難しい逆境においても心は平穏でいられるものだ。**このときに、自分の力で何とかなるなどと考えると、苦労するばかりで何の得にもならない結果となる。そしてついに、疲れ果て、後の好機を見ても策を講じることができなくなってしまうだろう。

これに反して、自らの行為、結果である人為的な逆境の場合は、**すべて自分を省みて悪い点を改めるしか方法はない**。世の中のことは大ていは、自分がこうしたいとがんばれば、そのようになっていくものである。

ところが多くの人は、自らの力で幸福な運命を招くことをやめてしまいがちである。かえって自分のほうからいじけた人間となって、さらなる逆境を招くことをしてしまっているのだ。

これでは、逆境に打ち克ち、幸福な生涯を送りたいといっても、それを得られるはずがないこととなろう。気をつけたいものだ。

誠実と思いやり

私の人生の方針としては、今日まで「誠実と思いやり」だけの思想でやり通した。孔子も自らの人生を「忠」と「恕《じょ》」、すなわちこの**「誠実と思いやり一体の生き方」で貫いたといわれた。**

「忠」というのは、心から誠意を尽くし、事に臨んで親切を第一とすることをいう。「恕」とはわかりやすくいえば「思いやり」と同じ意味で、事に当り、相手の立場になり、相手の気持ちになって考察してやることである。

ただし、忠（誠実）と恕（思いやり）とは、個々別々のものではない。忠（誠実）と恕（思いやり）と一つになった「忠恕」（誠実と思いやり一体の生き方）というものが、孔子の一貫した精神であるとともに、論語を貫いている精神なのである。

道徳や倫理は身近なところから

修身すなわち道徳心を身につけるというのは、わかりやすくいえば、**箸《はし》の上げ下げの間のように、身近な小さなことにも十分注意することにその意義が含まれていると思われる。つまり身近なこと、日常のことから誠実と思いやりの「精神」で処していくことである。**

私は、その意味において、家族に対しても、客に対しても、その他手紙を見るにも何を見るにも「誠意」を心がけることにしている。

孔子は、仕事に出かけるときや仕事のときの体の動かし方などにも、常に礼儀にのっとり他の人たちに気を配ったということが論語にくわしく紹介されている。また、外交儀礼、服装上の注意、寝るときの注意なども、ていねいに説かれ、さらに食べ物についても次のように細かく述べている。

「ごはんは精白米でもよいが、そうでなくても気にしない。肉類のなますは細くきざんでもよいが、そうでなくても気にしない。しかし、ごはんは臭くなったもの、味が変わったものは食べない。魚も形が壊れたり、肉の崩れたものは食べない。色の悪いものは食べない。匂いの悪いものは食べない。なま煮えや煮すぎのものは食べない。季節（旬）のもの以外は食べない。切り方（調理法）が正しくないと食べない。肉はそれに合うしょうゆ、ソースがないと食べない」

これらは、ごく身近な例といえようが、私も道徳や倫理は、このような身近なうちに注意することにこそ、こもっているのであろうと思うのだ。

自分を知る（カニ穴主義）

箸の上げ下ろしの注意ができるようになれば、次に心がけるべきなのは自分を知るということである。世の中には、ずいぶん自分の力を過信してしまい、高望みをしてしまう人もあるが、先を見すぎて自分の分《ぶ》を守ることを知らないと、とんでもないまちがいを起こすことがある。

私は、「カニは甲羅に合わせて穴を掘る」という主義で、渋沢の分を守ることを心がけている。こんな私にでも今から十年ばかり前に、ぜひ大蔵大臣になってくれだの、日本銀行の総裁になってくれだのという交渉を受けたこともある。しかし、**自分は役人を辞め、志をもってビジネス界に穴を掘って入ったのであるから、今さらその穴をはい出すことはできないと思い固く断った。**

実際、人はその出処進退が大切である。自分の分をわきまえるといって進取の精神を忘れてしまうと何にもならない。

「志が実現しないと死んでも帰らない」

「大きな成功のためには小さな問題は見ないようにする」

「男子たるもの、いったん決意したならば、乾坤《けんこん》一擲《いってき》の勝負をすべし」

などともいうが、このようなときでも、必ず自分の分ぶを忘れてはならないだろう。

孔子も

「私は心の欲するように行動しても道をはずすことはない」

といわれた。

つまり、自分の分を守りつつ進んでいくのがよいということだ。

淫《いん》に流れすぎることなく、心を傷めるほど悲観しない

人がその人生をまちがえるのは、主として人間の七つの情（喜・怒・哀・楽・愛・悪・欲）のコントロールがうまくいかず、度を越してしまうことからである。

孔子も
「詩経にある関雎《かんしょ》の詩は、楽しんでも淫に流されることなく、悲しんでも心を傷めるほどにはならない。そこが誠によいのだ」
と述べている。

これは喜怒哀楽のほどよいコントロールが大切なことを教えている。私もお酒を飲むし、遊びもしたが、「淫に流れすぎることなく、心を傷いためるほど悲観しない」

ということを常に限度とするように心がけてきた。要するに私の主義は誠心誠意、何事にも、誠をもって律するというだけなのである。

大事と小事

誰でも大事な案件を目の前にすると、精神を緊張させて慎重に対処するが、**小事に対しては、頭から馬鹿にして注意することなく、いいかげんにやり過ごしてしまいがちである。**

もちろん、箸の上げ下ろしに対してあまりにも心を用いすぎてしまうように、小事にこだわりすぎてしまうのは精神を疲れさせてしまうので、そこまでは心を用いる必要はない。

反対に、大事だからといってそれほど心配することでもないものもある。

小事がかえって大事となり、大事が案外小事となることもあるから、その性質をよく考慮して、それに合う処置をするようにしたいものである。では大事にはどう対処したらよいだろうか。人それぞれの対処のしかたがあるだろうが、私は次のように考えている。

まずその事柄に対してどうすれば道理に合うのかを考え、次にその道理に合ったやり方をすれば国家・社会の利益になるのかどうかを考える。

そのうえで、それは自分のためにもなるかを考えるようにする。

もし、このとき自分のためにならないが、道理に合い、国家・社会にも利益になるということになれば、私は迷わず、自分の利益を捨てて道理のあるところに従うようにしている。

以上を考える際に注意すべきは、「慎重に、詳しく」思慮するということである。道理に合いそうに見えることでも、非道理の点はないか右からも左からも考えるようにする。また公益に反するように見えても、後々にはやはり世のためになるのではなかろうかとも、念を入れて考えるようにするのだ。道理・非道理と速断しても、それが適切でなかったらその苦心が何の役にも立たないことになるからである。

小事の場合の注意点

小事については熟慮せずに決定してしまうことがあるが、それがよくない。小事というくらいであるから、目の前に現れたところだけ見ると、きわめて些細なことに見えるので、誰もがこれを馬鹿にしてしまうのだ。しかし、この馬鹿にしてしまう小事も積み重ねると大事になることを忘れてはいけない。**また小事でも、その場で済むものもあるが、時としては小事が大事のきっかけとなり、後になって大問題を引き起こすこともあるのだ。**あるいは、初めは些細なことからであっても、次第に悪事と見られるものとなり、ついには悪人とされることにもなりかねない。

これと反対に、小事から進んで次第に善に向かっていくこともある。初めは些細な事業であると思ったことが、一歩一歩進んで、自分や家族の幸福となっていくこともあるのだ。

これらはすべて小が積み重なって大となるのである。人の不親切とかわがままとかいうことも、小が積もって次第に大となり、積もり積もれば政治家は悪政に走り、事業家は経営を危うくし、教育家はその子弟を誤らせることになるのだ。だから小事は必ずしも小ではない。世の中に大事とか小事とかいう区別はないのが道理ということになるのだろう。こうして大事たると小事たるとの別なく、およそ事にあたっては、同一の態度、同一の思慮をもってこれを処理するようにしたいものである。

好調の時代と失意の時代

およそ人の禍《わざわい》は、多くは好調の時代に訪れるものである。好調のときは、誰しも調子に乗る傾向があるから、禍や害というのはそれを見逃さず喰《く》い入るのである。だから人がこの世でまちがえないように生きていくには、この点に注意し、好調の時だからといって気をゆるめず、逆に失意の時には落胆しないようにし、いつも変わらぬ心がけでもって道理を踏んで進んでいくことが肝要である。

昔の人も

「名を成し成功するのは常に苦しみ耐えた日においてであり、事業を失敗させてしまうのは得意になっているときが原因となる」

といっているが、これは真理である。

困難に対しては、ちょうど大事のことに当たるのと同じ覚悟で臨んでいくから名を成すのはこういう場合が多くなる。

世に成功者と見られている人は必ず
「あの困難をよくやり遂げた」
「あの苦しみの中をよくやり抜いた」
という。

これはいかに気を引き締めてかかったかを示している。**反対に、失敗は多く好調の日にその兆しがあるものだ。人は好調のときには、あたかも小事に臨んだように、すべて頭からのんでかかるから物事を見誤ってしまい、とんでもない失敗をしてしまうことになるからだ。**だから人は好調のときも調子に乗るということはやめ、前に述べたように大事、小事に対しての処し方と同じ思慮分別をもってこれに臨むべきである。

水戸黄門光圀公の壁書の中の言葉
「小なる事は分別せよ、大なることに驚くべからず」
（小さな事は慎重に対処せよ、大きな事には驚いてはならない）
は、まさに知恵多き名言であるというべきである。

第二章

立志と学問

great person
EIICHI
SHIBUSAWA

細かいことにこだわりすぎるな

アメリカとの交換教授として、来日されたメービー（ハミルトン・ライト・メービー）博士は、任期満了の時に、嘘偽りなく、私に語った中に次のような日本人の評がある。

彼は、初めて我が国に来たのであるから、すべてのものが珍しく感じたという。いかにも新進の国と見られるところは、国を統率する人たちも、国民の一人ひとりも、会社のトップも従業員もすべてが勉強をしているというところである。怠《なま》けている人はほとんどいない。しかも、その勉学への姿勢は、希望に満ち溢れ、楽しそうに行っているように見える。希望を持つというのは、困難に屈しないでやり通す気概が日本国民に備わっている。ほとんどの人が喜びを持って、欲や煩悩などから自由になり、悟りの境地に達しているように見えるのは、さらに成長するような国民性があると申し上げて良いだろうと思う。しかし、よいことばかり言って、悪いことを言わないというのは、媚《こ》びへつらうようなきらいがあるので、正直なところを遠慮なく言うが、彼（メービー博士）が接触したのが、官僚組織や会社、学校となどだったことから、余計に眼についたのかもしれないが、**何でも形式に重きを置くという悪弊がある。アメリカは形式にこだわらない流儀があるから、特に際立って見えるのかもしれないが、少し形式にこだわりすぎるところがある弊害が強くなっているようだ。**これが日本の国民性ならば、よく注意しなければならないだろう。

　ヨーロッパやアメリカなど世界のどこの国でも同じ主張ばかりが大勢を占めるということはない。誰かが右と言えば、もう一方は左と言う。進歩党があれば、保守党もある。政党では時に互いに反目しあうが、ヨーロッパやアメリカの場合、淡白でかつ高尚に行われる。しかし、そのやり取りは、日本では下品で口汚く、まくし立てる傾向があるようだ。なぜならば、日本人は、細かいことに感情的に反応するが、すぐに忘れてしまうという傾向がある。これは、封建社会が長く、江戸時代に約三百藩の細かい国に分かれてしまったがゆえに、**左に勢いが出れば、左の味方をし、右に勢いが出れば、右の味方をするということが習慣化してしまっていて、対抗する相手を感情的に叩きのめすということが常態化してしまったからではないか。**これは、交換教授という形で、わが国を訪れた、一人の外国人の分析によるものだが、示唆に富むことがあると思う。

本当に偉大な国民になるためには、もう少し客観的に物事が推移することを冷静に観察する視点を持つことが必要なようである。

精神的老衰の予防法

近頃は、若者が大事だという意見が多い。若者が大事だ、若者に注意しなければならないということについては私も同意する。しかし、若者も大事だが、老年も大事だと思う。若者ばかり重用して、老人はどうでもよいという意見は考え違いではないか。

昔、会合で言ったことがあるが、**自分は文明の老人だと思っている。文明の老人とは、身体は老いても、精神的に若々しく、新進気鋭に富み、好奇心が旺盛で、向上心を持って常に勉強をしつづけるという人間である。**はたして、自分が文明の老人かそれとも野蛮の老人か、世間の評判はよくわからない。

しかし、私の青年の時代と比較して見ると、若者が働く年齢がとても遅くなっていると思う。そうして早いうちから老人のように引きこもりになると、人生における活動の時間はとても少なくなってしまう。

仮に一人の学生が三十歳まで勉学に励むのならば、少なくとも七十歳まで働かなければならなくなってしまう。もし、五十歳や五十五歳で身体的に老いてしまうのであれば、二十年から二十五年ぐらいしか活動ができなくなる。もちろん、非凡な人は百年でやり遂げる仕事を十年でやり遂げてしまうかもしれないが、そういうことを一般の人に望んでいいのだろうか。いや望むべくもない。しかも社会がさらに複雑な世の中になってくる場合であれば、なおさらだろう。

ただし、さまざまな学問や芸術が同時に進化してくるので、さらに科学者たちの発明で年を取っても心身が衰弱しないとか、若いのに素晴らしい知恵に恵まれるという時代になったらどうだろうか。馬車よりも自動車、自動車よりも飛行機で世界が狭くなったように人間の活動を現在よりも向上させて、生まれた子どもがすぐに社会で役に立ち、死ぬ直前まで活動できるという工夫がなされれば、何よりである。地球物理学者の田中舘《たなかだて》愛橘《あいきつ》先生（１８５６～１９５２）にでも発明をお願いしたいところである。

そのような発明が生まれるまでは、年寄りが十分に働くことを心がけるしかないだろう。

では、文明の老人になるためにはどうするべきだろうか。そのためには、身体は弱っても、精神は強靱でなければならない。それには、学問によるしかない。常に好奇心を持って、その時代の最先端の学問に興味を持ち、時代に遅れぬようにする人だったら、私はいつまでも精神的に老いるということはないと思っている。このような考え方なので、私は身体だけ生きつづけるというのは、どうにも嫌なので、身体が現世にある限りは、精神もきちんと若々しく存在させたいと思うのである。

現在において正しいことを行う

私は明治維新後まもなく大蔵省の役人となったが、そのころの日本における教育というのはいわゆる武士道的な精神教育がいろいろあっただけである。つまり、産業界・ビジネス界に役立つ教育はほとんどなかったのだ。

それのみか普通教育もレベルが低く、多くは政治教育というもので、ビジネス上で外国とのつき合いが始まっていても、その知識など何もなかったのである。いかに国の経済力を高めようと思っても、それに対する教育も知識も不足していたのだ。

そういうこともあって、**私なども海外と対等につき合い、そして国の経済力を強くしていくためには、どうしても科学的な知識が必要であることを声をからして叫んできた。**こうして明治十七、八年あたりにはこの面の教育も盛んになり、才能も学問も備わった人たちが輩出され始めた。

それ以後わずか三、四十年の間に日本も外国にまったく劣らないほど発展した文明社会となった。それとともに今度は大きな弊害も生まれてくることとなったのである。すなわち武士道教育のよい面が、まったくなくなってしまったということである。国の経済力は大きくなってきたが、悲しいかな、武士道とか、仁義道徳というものが、無視され、精神教育がまったく衰えてきているのである。

今日では幸いにも全国いたるところに実力のあるビジネスマンを見ることができるようになり、国の経済力も非常に増加してきたが、人格面では維新前より後退してしまったようである。

いや後退どころか消滅しないかと心配しているほどである。

私は、常に、精神の向上と経済力の向上を共に進めることが必要だと信じている。**人はこの点から考えて強い信仰（信条や人生哲学、行動規範）を持たなければならない。私は農家に生まれ教育も低かったが、幸いに論語などを学ぶことができた。これで一つの信仰（信条、人生哲学、行動規範）を得ることができたのだ。**だから私は極楽も地獄も何ら心配することはない。

ただ現在において、この信仰（論語）の教える正しいことを行っていれば、人として立派なものとなれると信じているのである。

血気盛んに挑戦する

若いときは血気（エネルギー）が盛んな時代であるから、この血気（エネルギー）をよい方向に活用してほしいものである。

大人・老人というものはとかく保守的・固定的な考え方に陥おちいりやすいものであるが、こういう人たちに危険を感じさせるくらいに活発的に動いてもらいたいのである。若いうちに正義つまり自分が正しいと思ったことに挑戦していくことに失敗を恐れているようでは、とうてい見込みのない者といわざるをえない。

やるべきこと、正しいと思うことを岩をも通す思い（鉄石心）でもって向かっていけばやれないことなどない。

この志さえあればいかなる困難も突破しうる。

たとえ失敗したとしてもそれは自分の注意がまだ不足していたためであり、これもかえって後のためには多くのよい教訓が得られたと思うべきだ。

すなわち失敗によって、より一層の強い志が養われ、ますます自信が生じ、勇気が生じて猛もう進しんすることができてくるのだ。そして、だんだんに人間的にも大きくなり、自分の人生でも、国家にとっても大きな成果を生み出せるようになるだろう。

将来の国家を担うべき若い人たちが、このような大きな覚悟をもって、ますます激しくなる競争の世界に飛び込んでいってほしい。国の前途に対して大いに危機感を持ち、後の時代に悔やむことがないようにしてほしいと望むものである。

昔にくらべ今の時代は社会も進歩し、一定の秩序ができあがり、学問も普及し、何でも一応揃ったときであるから、油断のない細心さと大胆なる行動力をもってエネルギーを発揮すれば、大きな仕事、大事業の経営もきわめてやりがいのあるものになっていくはずだ。

ただし今は、既成の秩序ができあがって、教育も普及している時代だから、普通より少し進歩し、人よりわずかに強い意気込みぐらいでは大勢を動かすことはできない。大きな志を立て、活気と、情熱を大いに溢あふれさせ、立ちふさがる障害を打破しつつ、向上の道を猛進しなければならないのだ。

秀吉の勉強意欲に学ぶ

豊臣秀吉にも短所と長所があった。**短所としては組織を治めていくための道徳・ルールが整えられなかったことと、「軍略（軍事能力）」はあっても国を治めていくという「経略（政治能力）」がなかったことである。**

秀吉の長所というのはいうまでもなく、その勉強、その勇気、その知恵、その気概である。この秀吉の長所の中でも、長所中の長所と見るべきものは、その勉強意欲である。

私は秀吉の勉強意欲に心の底より敬服しており、若い人たちにもぜひ学んでもらいたいと思っている。

「事の成るのは、成るの日に成るに非ず」（蘇洵の言葉。1009〜1066／北宋の文人。唐宋八大家の一人。「ローマは一日にしてならず」と似たような意味）であって、その原因となるものは必ず長い経緯の理由があるはずで、秀吉が日本を代表する英雄になったのも、この勉強心にあったのである。

秀吉がまだ木下藤吉郎といって信長のぞうり取りをしていたころの次の話は有名である。それは、冬になると藤吉郎の用意するぞうりが、常に懐の中に入れてあたためてあったので、いつも温かいものだったというものだ。**秀吉がこんな細かなことまでに注意ができたのは、よほどの向学心があったためということができる。**また信長が突然朝早く外出しようとするときに、たとえまだ他の供となる家来たちが揃う時間でなかろうと、藤吉郎だけはいつでも信長の声に応じてお供することができたという。それほどまでにいつも備えていたのである。これも、秀吉の飛び抜けた向学心があったことを物語っているといえよう。

さらに信長が明智光秀に本能寺の変で殺されたとき、秀吉は中国攻めで備中にいて毛利輝元を攻めていたが、信長の死を聞くやただちに毛利と和解し、戦いを止めた。そのうえで、兵を率いて中国より引き返し、京都近くの山崎で光秀を破るまでたったの十三日間しかからなかったのである。これも秀吉がとび抜けた勉強家であることを示す証拠である。そうでなければ、いかに機知があっても、いかに主君信長の仇かたきを討ちたいと熱心に願っても、ここまで万事をすばやく運んでいけるものでないからである。

自ら箸を取れ

若い人の中には、仕事を大いにやりたいのに有力なコネがないとか、自分を引っぱってくれる人がいないとか、よく面倒を見てくれる人がいないとか嘆《なげ》く者もいる。

なるほど有力な先輩の知り合いがいるとか、親類に有力な人がいるという人は、その力を認められる機会が多いために、比較的に幸運であるといえる。しかしそれは普通以下のレベルの人の話だと思わなくてはいけない。もし、その人自身に力量があり、あるいは優れた才能があれば、たとえ有力なコネがなかろうとも世間は見逃すものではない。

世の中には、人が多い。

役所にも、会社にも、銀行にも人が余っている。ところがそういう中においてもこの人なら安心して任せられるという人材は少ないものだ。だからどこでもそのように優れた人材を欲しているのだ。**こうして世の中は、お膳立てをして待っているものだが、これを食べるか否かは箸を取る人がいるかどうかにかかっているのだ。ごちそうを用意したうえに、それを食べさせてあげ養ってやろうというほど世の中はヒマでないということである。**

木下藤吉郎時代の秀吉も、コネも何もないただの最下級武士からはい上がって関白というごちそうを食べるほどにまでなった。しかしこれは決して信長に養ってもらったためではないのだ。自分で箸を取って食べたのである。何か一つの仕事をやってやろうという者は、自分で箸を取らなければダメだということだ。

目の前の仕事に全力を尽くす

どのような仕事でも、経験のない若い人に初めから重要な仕事を与えることはしない。

木下藤吉郎（豊臣秀吉）のような大人物でさえ、初めて信長に仕えたときは〝ぞうり取り〟というつまらぬ仕事をさせられたのである。オレは一流の学歴があるのに、こんな雑用や下っ端の仕事をさせられるのはバカバカしいと不平を言う人もある。しかし、これはまちがっている。上の者がそういう仕事をやらせるのには大きな理由があるのだ。

決してバカにしてやらせているのではない。若いうちは余計なことを考えずに、とにかくただ与えられた仕事に専念してやっていかなくてはならないのだ。

こうして与えられた仕事に不満を持って去っていく人はもちろんよくないが、つまらない仕事だと軽蔑し、力を入れてやらない人もダメだ。およそどんな些細な仕事でもそれは大きな仕事の一部分であり、これが満足にできなければ、ついには仕事は完結しないことになる。時計の小さい針や、小さい輪が怠けて働かなかったら大きな針が止まらなければならないように、何千億円ものお金を扱っている銀行でも一円の計算が違うと、その日の帳尻がつかなくなる。若いうちは気が大きくて、小さいことを見ると軽蔑することがあるが、それがその時かぎりで済むならよいが、後日の大問題につながっていくことがないとも限らない。大問題とならないにしても、このように小事を粗末にするような無神経な人では、しょせん大事を成功させることはできないだろう。

昔からの言葉に「千里の道も一歩から」とある。たとえ自分はもっと大きなことをする人間なのだという自信があろうとも、その大きなことは小さなことが集積したも

のである。だから、どんな場合も軽蔑することなく、勤勉に、忠実に、誠意を込めてその仕事を完全にし遂《と》げようとしなければならない。受付の仕事であろうと、帳簿つけの仕事であろうと、与えられた仕事にその時の全生命をかけてまじめにやれない者に、自分の人生の運など開くことはできないというべきであろう。

志の立て方～大きな志と小さな志の調和

生まれながらの聖人ではない私たち凡人は、志を立てるときも迷いやすいものである。志を立てるというのは、単純に人生の目標を立てるということとは異なる。**道徳的な修養と社会の調和をはかるという行動で、道徳的に生きるということを意味する。**

目の前の風潮、流行に動かされたり、その時のまわりの事情に邪魔されたりして、自分の向いていない方向に行ってしまうのである。しかし、これでは人生うまくいくものではない。自分を冷静に見つめ、長所・短所を比較考察し、長所のほうに志を立てていくようにすべきである。それとともに、自分の境遇がその志を遂げていくことを許すものかどうかも深く考えなければならない。たとえば体も丈夫、頭もよいから学問で一生を送りたいとの志を立てても、それを支える資力がないと難しいこともあるだろう。

こういう場合は、確かな見込みを立てたところで初めてその方針を確定するようにしたいものだ。よく考えずに世間の流行に乗っかって安易に志を立てて進み出しては、とうていそれをやり遂げることはできないといえよう。こうしてわが人生の根幹となる志が立ったならば、次にはその枝葉となる小さな志について日々の工夫がいる。誰でもいろいろなことについての希望や願望が起こってくるものである。

こうした希望や願いを持つのも一種の立志であり、**私はこれを「小さな立志」（小さな志を立てること）と呼んでいる。前述した道徳的に生きる志とは異なる。個人的**

な生き方が社会の調和につながる道徳的に生きるという志を大きな志と呼ぶことにしよう。

たとえば、ある人がある行い（ボランティアや慈善事業など）によって世間から尊敬されるようになったが、自分もそのようなことをやってみたい（そして尊敬されたい）と思うことなどである。この小さな志については、人生の根幹として立てる大きな志から逸脱してしまうものでないようにしなくてはならない。

また、この小さな志というのは性質上いろいろと変動したり、移動したりするものであるから、それに影響されて大きな志が動揺してしまわないよう注意もしなくてはいけない。

すなわち、大きな志と小さな志が矛盾するようではいけないのであって、両者を調和、一致させていくことが大事なのである。

大きい志を立てる

ここで孔子の志の立て方を研究してみよう。孔子は次のように言う。

「私は十五歳で学問を志し、三十歳で一人立ちをし、四十歳で迷わなくなり、五十歳で天命を知り、六十歳で何でも素直に聞けるようになり、七十歳でやりたいことをやっても道をはずすことはなくなった」

これを見ると孔子は十五歳の時、すでに志を立てたと思われる。ただ「学問を志す」というのは学問で一生をすごすというまでの固い意志ではなく、これから大いに学問をしなければならないというくらいの考えではなかったろうか。さらに進んで「三十歳で一人立ちをする」というこの時にすでに世に立っていけるだけの人物となって、わが身をしっかりとさせ、家を守り、国を安定させ、世の中を平和にしていくという、いわゆる「修身斉家治国平天下」という人生の大目標に向かってやっていくぞとの自信を持ったにちがいない。

なお「四十歳で惑わなくなる」というところから推察すれば、一度立てた志を持って世の中を渡っていくにあたり、何が起きようとも決して志は動かされないという境地になり、どこまでも自信ある行動が取れるようになったというのであろう。

つまり孔子の立志は十五歳から三十歳にあったように思われる。「学問を志す」と述べたころは、まだいくぶん志が動揺していたらしいが、三十歳になるとやや決心のほどが見え、四十歳になって初めて立志が完成されたようである。**このように志を立てるというのは、人生の大切な出発点であり、軽々しく考えてはいけないのである。志を立てるには自分をよく知り、身の程を知り、それに応じて正しい方針を決定する以外にないということだ。**

社会と学問の関係

学問と社会とは、さほど大きな相違があるものではない。しかし、学生時代の理想や希望、期待があまりにも大きいために、面倒な実社会に入ってみて、いろいろな体験をすると、とまどうことも出てきてしまうのだ。今の学問や学校での学科は細かく分かれているけれども、現実の社会は机上のようにはっきりと分かれているものではない。

だから大局を誤らないように注意しなければならない。自分の立場と他人の立場を相対的に見ることを忘れないようにして、自分の立っているところをよく見定めるようにするのだ。とかく人は、早く結果を求めすぎて、大局を見失うものである。

また、わずかな成功に満足するかと思えば、大したことでない失敗に落胆してしまいがちである。

しかし、このような誤った生き方はぜひとも改めなければならない。

その参考として学問と社会の関係を、地図を見る時と実際に現地を歩く時との関係として、見てみたい。どんな精密な地図であろうとも、国も地域も、見れば手に取るように把握できるものだ。しかし、実際にその土地を歩いてみると、地図のようには簡単ではなくて、迷ってしまうことになる。

山は高く谷は深い。森林はどこまでも連なり、川も広く流れている。道をたずねて進んでも迷い、山を登っても登っても、なかなか山頂にも達しない。あるいは大河にさえぎられて途方にくれることもあるし、道が迂回して容易に目的地に近づけないこともある。

あるいは深い谷に入ってしまい、いつ出ることができるかと不安になることもある。

このように現実にはいたるところに困難があるものだ。

もし、このような困難に遭ったとき、十分な信念がなく、大局を見ることができないようだと、失望落胆してしまうだろう。すなわち勇気を失い、自暴自棄となり、ついには不幸な終りを迎えることになるだろう。

学問と社会も、このようなものである。**学問を修めたからといって実社会をわかりきったように思い油断することなく、しかし、実社会の困難にあって信念と大局を見失い、あきらめるようであってはならない。**

以上のことをよく注意して学んでもらいたいものである。

一生涯に進むべき道

私は十七歳の時に武士になりたいとの志を立てた。というのは、その頃の実業家（今の起業家）は農民町人と蔑《さげす》まされて、世の中からはほとんど人間以下の扱いを受けて、歯牙にもかけられなかったからである。家柄というものが無闇に重要視され、武士に生まれさえすれば、知恵や能力がない者でも、社会で指導者的立場に立つことができて、自分の望む通りに権力を行使することができたからである。

私はこのような状態が癪《しゃく》に障って、同じく人間として生まれたからには、何がなんでも武士にならなければダメだと考えるようになった。その頃、私は漢学を修めていたのであったが、日本の外交史を学ぶにつれて、政権が朝廷から武士に移った経路を明らかにするようになってからは、正義に外れたことに対して怒りを覚えるようになった。農民や町人として人生を終わるのが、どうしようもなく感情的に抑えられなくなって、武士になろうという念を一層強めたのである。しかし、その目的も単純に武士になろうというぐらいのものではない。武士になると同時に、政治家として国政に参与したいという大望を抱いた。しかし、これが自分の生まれた故郷を離れて、いろいろなところを流浪をするというまちがいを犯した原因になった。

このようにして大蔵省に出仕するまでの十数年間というものは、私が今の状況から見れば、ほとんど無意味に空費したような状態だったから、このことを思い出すたびに、痛恨に感じられる次第である。

正直に言えば、私の志は最後に実業界で身を立てようとした明治四年や五年ぐらいの頃で、今、思えばこの時が私にとっての真の立志（大いなる志）であったと思う。もともとの自分の性格から考えてみても、政界に身を投じようなどとは、むしろ短所に向かって突進をするようなものだと、この時にようやく気がついたのである。しかし、それと同時に感じたことは、**欧米諸国が当時のように大きく経済が発展したのは、産業が発展したことが大きいのである。だから、日本が現状のままを維持するだけでは、彼らと肩を並べるような時代は来ないと思うので、国家のために産業の発達をはかりたいという考えが起こって、初めて実業界の人になろうという決心がついたのだった。**しかし、この時の立志がその後の四十年あまり、一貫して来たのであるから、私にとっての立志は、まさにこの時であったといえる。

改めて考えてみると、その前の立志は自分の才能に不相応な身のほどを知らない立志であったから、しばしば変更を余儀なくされたのにちがいない。その後の自分の志が変わらなかったところを見ると、これこそ真の自分の素質にもかなない、才能にも応じた立志だとうかがい知れるのである。

もし自分に先見の明があって、十五、十六歳の頃から本当の志が立ち、初めから実業界に向かっていったならば、後年、実業界に踏み込んだ三十歳ぐらいには、ビジネスに関する素養も十分積むことができたと思う。仮にそうだったとすれば、実業界における渋沢以上の渋沢を見出されるようになったかもしれない。惜しいかな。若気の至りで誤って、肝心の修養期間をまったく方向違いの仕事に費やしてしまった。私の経験によっても、まさに志を立てようとする青年は、よくよく気をつけたほうがいい。

第三章

常識と習慣

great person
EIICHI
SHIBUSAWA

常識とは何か

およそ人として世の中を生きていくには、どんな立場であろうと常識が必要となる。では常識とは何か。私は次のように考える。

それは、何をするに当たっても極端に走らず、がんこにならず、是非善悪をきちんと見分け、利害得失をよく考え、言葉や行動もすべて中庸を心がけていくことである。

中庸とは孔子が大切にした教えで、行きすぎもない、行き足りなくもない、ちょうどよいこと、ほどよいことをめざしていくものである。つまり常識をいつも意識して動くということだ。言いかえると「智」「情」「意」の三つがバランスよく保たれ、偏ることなく育っているのが完全なる常識ということだろう。

つまり一般の人たちの人情をよくわかり、世間のこともよくわかり、それぞれ適切な対応ができる能力を持つことである。人間の心を分析して「知」「情」「意」の三つとして考察したのは心理学者だが、何人もこの三者の調和が必要であることに疑うものはなかろう。

すなわち、「知恵」と「情愛」と「意志」の三つがあってこその人間社会における有意義な活動となるのだ。この三つの適切な調和そして発揮があって常識も完全となることを忘れてはいけない。だから、よく「意志を強く持て」というけれども、意志ばかり強くても困り者ということになる。

要するに中庸・バランスが大切だということだ。

口は禍福の門

私はふだんから口数が多いため、知らないうちにしゃべりすぎることがある。そのため人に揚げ足を取られたり、笑われたりもする。しかし、いかに揚げ足を取られようと、そして笑われようと、私が口にする言葉は、すべて私の心の中にあることである。

こうして私は常に正しいと確信していることを口にしているのである。

「口は禍《わざわい》の門」とか「口は災いの元」とかいうが、「福の門」でもあるのではないか。もちろん行きすぎたおしゃべりは感心しないけれども、無口もほめられたものではないと考える。

私が他人に話をすることで人の困難を救えたことも多くあり、これはまさに話をすることにより得ることのできた利益であろう。このように福のための多弁はあえて悪いと言うべきではないが、禍の起こるような方向での言葉は慎んでいかなくてはならない。

つまり、ひと言でも決していいかげんに考えてはいけないということなのである。福のために、すなわち世の中に役立ち、人を幸せにしていくために、自分の信じるところを口にする心がけを、忘れてはならないというべきであろう。

人も社会も習慣でつくられる

よい習慣を多く持つ人が善人となり、悪い習慣を多く持つ人が悪人となる。なぜなら、日ごろの習慣が重なり、それが心の働きにも影響を与え、そうして人格がつくられていくからである。また習慣というのは自分だけでなく、他人にも感染する。

善いことも悪いことも他人に伝わっていく。

だから習慣というのは自分だけの問題ではなく、まわりの人たちそして広く世の中にまで広まることをよく自覚してもらわなくてはならない。習慣は少年時代が最も大切なのはいうまでもない。

幼少の頃から青年に達するまでは、習慣がつきやすいからである。だから、できるだけこの時によい習慣を身につけて自分のものとしていきたい。

私は青年時代に家出をし、天下を放浪し、かなり好き勝手わがままな生活をしてきた。

これが悪い習慣となって困ったものだ。しかし、年を重ねていようとも、何とかこの悪い習慣を直したいと必死にがんばった。

おかげでかなりの部分はこれを直せたように思う。

私は、悪いと知りつつ改められないのは、その人の自己コントロール力が足りないからだと考えている。何歳となろうとも、若い頃の悪い習慣に気づけば、努力して改めるべきだろう。このように習慣は些細のことであるからと考えて軽蔑しやすいものであり、そのまま放っておきがちだ。しかし、老いも若きも、男女も問わず、心をとめてよい習慣を養うようにしなければならない。それが、自分はもちろん、まわりも世の中もよくしていくことにつながることを忘れないでいてほしい。

天の道ははたして是か非か

世の中では冷酷非情で、少しの誠意もなく、その行いにおいてもわがまま、不真面目めな者が、なぜか社会の信用を得て成功してしまうことがある。反対に、真面目にして誠意を持って生きている者が、かえって世に受け入れられなくて、落伍者となる場合もある。

天は、このようなことを本当に認めるのか。天の道ははたして是か非か。この矛盾を研究するのは興味があるところである。

思うに、人の行為の善悪は、その志と実際の行動とを比較して考えなくてはならないだろう。志がいかに真面目で誠実と思いやりの人であっても、その実際の行いが何をやっても遅すぎるとか、いいかげんであるとかすれば何にもならないだろう。

志においては人のためにやるということでも、その実際の行いが人の害となっているようでは、これを善行ということはできない。

たとえば昔の小学校の教科書に「親切がかえって不親切になった話」というのがあった。

それは、ひなが孵化しようとして卵の殻から離れずに困っているようすを見て、親切心を起こした子供が殻をむいてやったら、かえって死んでしまったという話である。ひなのためにやったことが、害となってしまったわけだ。

これに反して、志が多少まがっていても、その実際の行いが機敏で、忠実で、人の信用を得るに足りるものがあれば、その人は成功する。なぜなら志の善悪よりは、実際の行いの善悪が人の目につきやすいからだ。

徳川家第八代将軍吉宗が、「人のまねであっても善行には意味がある」として、ほう美を与えた話はよく知られている。

こうしたことから、真面目な人が世の中に認められないときに、人は「天は、われを見捨てるのか」「天道是か否か」という嘆きの声を発することにもなる。そして、それにひきかえ、悪がしこい、ふるまいの上手な者が比較的成功し、信用されるように見える場合もあるということだ。つまりは、先に述べた「志と実際の行動」の双方をよく見る必要があるということを忘れないでほしい。

天は、心の中や口先だけでなく、実践すなわち実際の行動を注意せよということを言っているのではないだろうか。

人生は努力にあり

すべて人は年齢に関係なく、勉強する心を失ってはいけない。その心を失えば、その人の進歩、発展、成功は成しえるものではない。同時にこうした不勉強な国民によって構成される社会は、とうてい繁栄、発展できるものではないのである。

しかし、世の中で成功する要素としては、勉強や学問が必要であることはもちろんだが、それのみではいけない。

論語の中で、弟子の子路《しろ》が孔子に向かって、

「何も書物を読むだけが学問ではないでしょう」

という箇所がある。目の前にはやるべき政治と守らなければならない国民が待っている。そのために尽くしていく実践も学問だというのである。

すると孔子は、

「これだから私は口のうまい人間は嫌いなのだ」

と答えた。

その意味は「口ばかりでいくらうまい言い訳をしてもダメなんだ。あくまでも学問で修めたことを実際に行っていくことが大切なんだ」というものである。私は、先の子路の言葉自体は悪くないと思っている。机上の読書のみを学問と思うのは、はなはだよくないからである。ただ大切なのは日頃の心がけということだろう。孔子の言う学問と日頃の実践の積み重ね、継続である。

お買い求めいただいた本のタイトル

■お買い求めいただいた書店名

(　　　　　　　　　　　)市区町村(　　　　　　　　　　　)書店

■この本を最初に何でお知りになりましたか

□ 書店で実物を見て　□ 雑誌で見て(雑誌名　　　　　　　　　　　)
□ 新聞で見て(　　　　　　　新聞)　□ 家族や友人にすすめられて
総合法令出版の(□ HP、□ Facebook、□ Twitter、□ Instagram)を見て
□ その他(　　　　　　　　　　　　　　　　　)

■お買い求めいただいた動機は何ですか(複数回答も可)

□ この著者の作品が好きだから　□ 興味のあるテーマだったから
□ タイトルに惹かれて　□ 表紙に惹かれて　□ 帯の文章に惹かれて
□ その他(　　　　　　　　　　　　　　　　　)

■この本について感想をお聞かせください

(表紙・本文デザイン、タイトル、価格、内容など)

(掲載される場合のペンネーム：　　　　　　　　　)

■最近、お読みになった本で面白かったものは何ですか?

■最近気になっているテーマ・著者、ご意見があればお書きください

ご協力ありがとうございました。いただいたご感想を匿名で広告等に掲載させていただくことがございます。匿名での使用も希望されない場合はチェックをお願いします☑
いただいた情報を、上記の目的以外に使用することはありません。

郵便はがき

料金受取人払郵便

日本橋局
承認

2771

差出有効期間
2025年8月
15日まで

切手をお貼りになる
必要はございません。

103-8790

953

中央区日本橋小伝馬町15-18
EDGE小伝馬町ビル9階
総合法令出版株式会社 行

本書のご購入、ご愛読ありがとうございました。
今後の出版企画の参考とさせていただきますので、
ぜひご意見をお聞かせください。

フリガナ お名前	性別 男・女	年齢 歳
ご住所 〒 TEL ( )		
ご職業 1.学生 2.会社員・公務員 3.会社・団体役員 4.教員 5.自営業 6.主婦 7.無職 8.その他( )		

メールアドレスを記載下さった方から、毎月5名様に書籍1冊プレゼント!

新刊やイベントの情報などをお知らせする場合に使用させていただきます。

※書籍プレゼントご希望の方は、下記にメールアドレスと希望ジャンルをご記入ください。書籍へのご応募は1度限り、発送にはお時間をいただく場合がございます。結果は発送をもってかえさせていただきます。

希望ジャンル：☐ 自己啓発 ☐ ビジネス ☐ スピリチュアル ☐ 実用

E-MAILアドレス ※携帯電話のメールアドレスには対応しておりません。

たとえるなら医者と病人の関係のようなものである。日頃健康に不注意のため、病気になって医者のところに行くようなもの、ということだ。**医者はいつもすべて病気を治してくれると思うのは大まちがいである。自分自身の日頃の健康への心づかいこそ重要なのだ。**

こうして私は孔子の教えのように、すべての人に、**日々の勉強を望むと同時に、仕事や人生に対しての日頃実践での注意を怠らないように心がけることを説きたい**と思うのである。

正しい判断ができ、まちがった判断をしないための鍛錬

ふだんからやってよいことと、してはいけないことを決めている者においては、すぐに常識的な判断をすることができるが、その判断をするのが難しいときもある。

たとえば、正しい道理を説いて、言葉巧みにすすめられると、思いもよらず自分の主義主張としていることの反対の方向に進んでしまうこともありうるのである。

しかし、このようなときにも、頭を冷静にして、どこまでも自分を忘れないように注意することが、意志の鍛錬に求められることである。

もし、こういう場合に遭遇したなら、相手の言葉に対し、自分の常識と相談して自問自答するのである。

そうすると、相手の言葉に従えば、一時は利益を得られるかもしれないが、結局そ

の先において不利益が起こるようになるとか、この事柄に対してこう決断すると、目の前では不利なようだが将来のためにはこれがよいとかが、明瞭に意識されてくるものである。

もし目の前の問題に対して、このような自己判断ができるようになれば、自分の本心に立ち返ることはとても容易となり、正しい判断ができ、まちがった判断はしなくなるようになろう。

私は、このような方法が、意志の鍛錬であると思っている。こうした鍛錬をふだんから行っていれば、突然起きた問題や時間をかけられない判断事項に対しても、即座に適確な答えを出せるようになる。何事も平素においてよく鍛錬を重ねるならば、ついにはそれがその人の習慣となって、どんなことに対しても動ずることなく、解決できるようになるだろう。

ここで、孔子の日頃の心がけを紹介しておこう。

「修養、鍛錬ができていないのではないか。正しい道理を聞いても行動に移せないのではないか。善くないことだと気づいているのに改められていないのではないか。これらが、いつも私が自分に対して注意していることである」

第四章

仁義と利益追求

great person
EIICHI
SHIBUSAWA

ビジネスの本質

ビジネスというものをいかに考えるべきか。もちろん世の中の産業やビジネスは、利益の追求をはかるものであることは疑いない。

産業による経済が物を増やし、社会を豊かにしていくものでなければ、そもそもその存在意義もないことになる。そして、何の社会的利益も生まないだろう。では、この利益を追求するビジネスが、ことごとく自分さえ儲ければ他はどうなってもよいということになってしまったらどうなるだろうか。

孟子の言葉ではないが、「国危うし」ということになってしまうにちがいない。**こうしてビジネスの本質つまり本当の利益の追求というのは仁義道徳にもとづかなければ、決して永続するものではない、と私は考えるのである。**

ただ注意しなくてはいけないのは、前提として利益の追求をはかる、儲《もう》けるという意欲をまったく無視して、仁義道徳ばかりを求めてしまうと空理空論となってしまい、昔の中国（宋の時代、元に征服されてしまった）のようになる恐れがある。空理空論の仁義のみであれば、国の元気をなくし、物の生産力を弱くし、ついには国を滅亡させることになる。かといって今の中国のように、自分さえ儲かればよい、人はかまわぬというようになれば、国家社会をよくしようとする人もなくなり、孟子ではないがいずれ国を危うくしてしまう。

これは中国だけの問題ではない。他の国々も同じである。利をはかるということと、仁義道徳の道理を重んずるということの双方が並び立って（兼ね備わり、一致することで）、国家・社会は健全に発達し、個人においてもその恩恵の中で豊かになっていけることになるのである。以上のように、私が常に希望するところは、事業を進めたい、利益を増やしたいという欲望は常に人間の心の中に持たねばならないということと、その欲望をもとに正しい道理に従って活動したいということである。

　この道理というのは、他者への思いやりと他者への貢献そして正しい道すじに従って生きるという仁義が、人の欲望とともに相並んで密着していくというものなのである。

お金を考える

お金の効能がいかに大きいかは、昔から、多くの格言やことわざにもあることでもよくわかる。たとえば「地獄の沙汰も金次第」などである。とにかく、お金には偉大なる力があるのはまちがいないようで、いつもにがり切ってやかましいばかりの人間でも、お金のためにはすぐ甘くなるのは世間でよくあることで、政治家などその典型である。このようにお金には大きな威力があるのだが、しかしながらお金そのものは、もとより無心である。善用されるか悪用されるかは、それを使う人によって決まることなのだ。

お金自身には善悪を判別する力はなく、善人がこれを持てばよくなるし、悪人がこれを持てば悪くなる。すなわち所有者の人格次第である。ただ、とかく人は、お金を悪用したがるところもある。だから、これを戒める格言が多いのである。

論語において孔子は、

「悪事をやってでも、また不道徳な行いをしてでも、お金持ちになったり地位を得たりしていくこととは、私には浮雲のようにはかないことに見える」

という。

ただ孔子も決して貧乏を奨励しているのではない。お金を重んじすぎるのも誤りなら、軽んじすぎるのもよろしくないということだ。

だから孔子も次のように述べるのだ。

「国において正しい道が行われチャンスがあるのに、貧乏でかつしかるべき役割をはたさないのは恥である。また正しい道が行われていないのに、手段を選ばずお金持ちになり、高い地位を得ているのは恥である」と。

孔子にみるお金儲けと出世についての見方

従来の学者が孔子の教えを誤解してきたものの中で最大のものは、お金儲けについてのことだろう。これまでの学者は孔子がこのお金儲けについてまったく否定しているかのような立場を取っていた。しかし、私は論語を隅から隅まで読んだけれども、どこにもそのようなことは書かれていないことがわかった。昔の学者は、読み方が一面的だからまちがっていたのだ。

たとえば、論語の中に、

「お金と出世は誰もが望むものである。しかし、正しい道理にもとづき、正しいやり方でそれを手にしたものでなければ、お金は身につくものでなく心も安らかでないだろう。貧乏と不出世は人の嫌うものである。しかし、正しい生き方をしてそうなっているのなら、無理して今の状況から逃げださずともよい」

というのがある。

この教えは、一見するとお金儲けや出世を批判しているようだが、よく読んでかみしめてみるとそうではないのがわかる。**孔子が言いたいのは、正しい道理、正しいやり方でお金儲けし、出世したのならばそれはよいということだ。**決してお金儲けや出世を否定するのではなく、貧乏と不出世を奨励したものでもない。

「正しい道理にもとづき、正しいやり方でもってそれを手にしたのでなければ」

というところによく注意して読まなければならないのである。このように孔子も正しい道徳に従って利益の追求を行うビジネスを肯定しているのがわかるのである。

お金はよく集め、よく使え

お金とは、現に世界に通用する貨幣の通称である。そしてそれはすべての物品の代表者でもある。貨幣が特に便利なのは、何者にも代わりうるからだ。太古の昔は物々交換であったが、今は貨幣さえあれば欲しいものを何でも購入することができるのである。お金にはこの代表的価値のあるところが貴いのである。

また貨幣は分割に便利である。たとえば一〇〇円の茶碗がある。これを二人で分けようと思っても分けることができない。しかし、貨幣だとできるのである。このように総じてお金は実に貴いものであるのがわかる。これは単に若い人に望むのではない。

老人も、働き盛りの人も、男も女も、すべての人が貴ぶべきものである。すでに述べたように貨幣は物の代表であるから、物と同じく貴ばなければならないのである。

またお金は、社会の力をあらわす道具とも言えるのであるから、**単に貴ぶだけでなく、よく集め、よく使って社会を活発にして、経済の発展を促すようにしなければならない。**よく集め、よく使う人こそ真に経済の何であるかに通じている人と言えよう。よく使うというのは、正当に支出するということである。すなわち善いことに大いに使おうということだ。

しかるに世の中には、お金を貴ぶべきものということを曲解して、ただむやみに吝で（ケチって）、貯め込む人がある。これはよくないことだ。お金に対して戒いましむべきは乱費であると同時に、注意すべきは吝嗇《りんしょく》すなわちケチなのである。よく集めることを知り、よく使うことを知らなければ、いわゆる守銭奴となってしまいかねないことを注意しなければならない。

そうなると貴いお金もまったく生きないということである。

第五章

理想と迷信

great person
EIICHI
SHIBUSAWA

道理ある希望を持て

およそ人の世をうまく生きていくためには、それ相当の趣味や生きがいを持ったうえで、自分の人生の理想を抱き、正しい道理に従って進んでいく必要がある。**特に私たちビジネス界においては、〝信〟という徳が重要となろう。**この〝信〟という一字を守ることができなければ、われわれビジネス界の基礎もあやふやのものとなってしまうにちがいない。

先頃あるアメリカ人に次のように言われた。

「日本人の全体を観察すると、各人が皆希望を持ってそして大いに勉強する国民だということがわかる」

実にうれしい言葉ではないか。私は今、このように老人にはなっているが、これから先の日本のさらなる発展を希望するものである。実業家やビジネスパーソンの人たちも皆そうであろう。

だからこそ、ぜひ守らなければならないのが〝信〟の一字なのである。これがビジネス界に浸透していれば、日本経済はこれからさらに繁栄し、それとともに、一人ひとりの人格も大いに進むであろうと思うのである。そして、それが一流国でありつづけるための条件でもあるのだ。

趣味の心と熱誠の仕事と

人が自分の仕事を十分に尽くすためには趣味の心を持つことも大切だと思う。だからこそ、ぜひこの趣味というものを持ってくれることを強く希望するものである。

趣味という字は、理想とも聞こえるし、欲望とも聞こえるし、あるいは好み楽しむというような意味にも聞こえる。単に自分の仕事を表面通りに勤めていくというのは、おきまり通りの仕事というべきで、上からの命令通りに従ってやっているにすぎない。

しかし趣味の気持を持って何事にも取り組んでいける人は、自分の心の中からいろいろ工夫することもできる人である。すなわち、この仕事はこうしてみたい、こうやってみよう。こうなったから、これをこう工夫したなら、このようになっていくだろう。このようにそこにいろいろな理想、欲望を加えるにちがいない。

逆に言うと、これができて初めて真に趣味を持ったことになるし、趣味の意義もその辺にあると私は理解する。さらに一歩進んで、私は、人として生まれたならば、自分にふさわしい趣味を持ってそれを楽しんでみることをすすめたい。このように自分に合った趣味を持って、その趣味も向上していくならば、そのことでも世の中にも貢献できる人間となれるのではないだろうか。そこまではいかないにしても、趣味の心がけのある人の行動が仕事に生かされることはよいことと言えると思う。

趣味の心もなくて、おきまり通りの仕事のやり方しかできないのなら、生きがいも小さなものとなりはしないだろうか。ただ形として生きているにすぎない存在となりかねない。

このように何事においても自分がやることになったものは、大いに趣味の心を持ってやれば、自分の思い通りにすべていかないまでも、自分の心から生まれてくる理想もしくは欲望の一部に合ったものを生み出していけるのではないだろうか。

孔子の言葉にも、

「知るということだけでは、これを好きであるということに及ばないものだ。好きであるということは、これを楽しむということに及ばないものだ」

というのがある。

この言葉こそ趣味の極致《きょくち》と考える。自分のやるべき仕事にも、必ずこのような熱心な姿勢、すなわち楽しくなるほどに打ち込むことがなくてはならないのである。

人生観の両面

人はこの世に生まれたからには、必ず何らかの目的を持って生きていくことになるはずだが、その目的をどう考えるか。これは人それぞれ顔が異なるように、人それぞれだろう。大きくは二つに分かれると思う。一つは自分の得意のことを十分に発揮して活躍し、まわりの人や、社会のために役立とうと考える人である。

自分よりも他者のためという生き方なので、私はこれを「客観的人生観」と名づけている。もう一つは、これと反対に、ただ自分ひとりのことばかりを考え、社会のことや他人のことなど考えない人である。

すなわち自分は自分のために生まれたのであって、他人のためや社会のために自分を犠牲にするのはおかしいというのだ。この立場の人は、社会で起きることに対しては、できるだけ自分の利益になるように行動していく。私はこれを「主観的人生観」と名づけている。

私は前者の客観的人生観を支持し、後者の主観的人生観は支持したくないと考えている。

なぜなら後者のような生き方を押し通すとき、国家社会は自ずと道徳心がなくなり、人々も品性を欠き、ついには救うべからず衰退をしていくようになるからである。これに対し前者においては、国家社会は必ず理想的なものをめざして進んでいくはずだからだ。

孔子の教えに、

「優れた人間というのは、自分が立ちたいと思うときでも人を先に立たせるようにし、自分が達成したいというときでも、まずは他人に先に達成させるようにするものだ」

というのがある。

社会のこと人生のことはすべてこうなくてはならないと思う。

ある祈とう師の失敗

私が十五歳の時であった。私の姉は二十歳であったが脳の病気で大変な状態となっていた。私や両親だけでなく、親戚の人たちも心配していた。

その中の一人であるおばは大の迷信家であり、この病気は家のたたりのためかもしれないので、祈とうすることをしきりにすすめた。そのうち、ついに迷信嫌いの父がいない留守の間に、祈とう師を招いてしまった。私は強く反対したけれども十五歳ということで、おばに叱りつけられるだけであった。

さて、二人の祈とう師が来た。室内に注連《しめ》を張り、御幣《ごへい》などを立てておごそかに飾りつけをし、中座《なかざ》の女は目を隠し、御幣を持って正座している。その前で祈とう師は、いろいろの呪文を唱え、やってきた信者たちも声を合わせて唱える。

そのうち眠っているように見えた中座の女が、持っていた御幣を振り立てた。この様子を見た祈とう師は、ただちに中座の目隠しを取ってその前に平身低頭して言った。

「いずれの神様が御ご臨りん降こうであるか、お告げをこうむりたい」そして「当家の病人について何かたたりがありますか、どうぞお知らせください」と。

するとと中座の女が、

「この家には金神《こんじん》（方位の神）と井戸の神がたたる。またこの家には無縁仏があって、それがたたりをするのだ」

と横柄に言い放った。

例のおばは得たり顔になって、

「それごらん、神様のお告げは確かなものだ。そういえば老人の話に、いつの頃か、この家からお伊勢参りに行ってそれきり帰らない人がいる。お告げの無縁仏のたたりというのは、この人にちがいない。どうも神様にはすべてお見通しだ。実にありがたいものだ」

といって喜んだ。

そしてこのたたりを清めるにはどうしたらよかろうと、中座の女に伺うと「それは祠《ほこら》を建立して、祀をするがよい」と言った。

そこで私は、

「その無縁仏の出た時はおよそ何年ほど前のことでありましょうか。祠を建てるにも碑《いしぶみ》を建てるにも、その時代を知らなければ困ります」

とたずねた。

祈とう師がそのことを中座の女に伺うと、

「およそ、五、六十年以前である」と言うので、私は、「五、六十年以前なら何という年号の頃ですか」とさらにたずねた。中座は「天保三年の頃である」と言った。し

かし天保三年は今より二十三年前のことであるから、私は祈とう師に向かって、

「ただ今お聞きの通り、無縁仏の有無が明らかに知ることのできるくらいの神様が、年号を知らないわけがない。こういうまちがいがあるようでは、まるで信仰も何もできるものじゃない」

と問い詰めた。

こうしてついにはおばも加持《かじ》祈とうをやめ、村の人たちもこの話を聞いて、祈とう師などは村に入れないようになり、迷信も打破すべきという覚悟を持つようになった。

利益の追求と道徳

道徳教育がおろそかになる中で、利益追求ばかりに人々の関心が向いたため、国家社会の根本がおかしくなってきたようだ。ただ、これを是正していくことで、経済発展の活力までも失くしてしまうのも考えものである。

たとえば男女関係が乱れることを嫌って、これを法で厳しく規制することは、自然の人情までもなくしてしまう恐れがあるため、それはやめるべきだ。規制が行きすぎると生き生きとした人間の活力を弱めかねない。そこで、あくまでも利益を追求し、財産を所有し増やすことを認め、かつそれを罪悪の伴わない神聖なものとしてとらえていけるようにしなくてはならないのである。そのためにも守るべき一つの主義を持つようにしなくてはならない。

それが常に私が述べている仁義道徳である。仁義道徳と経済活動（ビジネスそして利益の追求）は矛盾するものではないということだ。この方法として日常のことにつき、あるいはこの商売はこうせよ、この事業にはこうせよと詳しくは述べられないけれども、次のようには言えるであろう。すなわち第一の根本となるべき仁義道徳などの道理は、必ず経済活動と一致するものであるということだ。そして利益を生み出していく方法手段は、第一に社会貢献を旨とし、人をしいたげるとか、人に害を与えるとか、人をあざむくとか、偽りなどしない、というようにしていかなくてはならない。

こうしてそれぞれがその仕事に従ってその尽くすべきを尽くし、道理を誤らず、利益を増やしていくようにすれば、いかにビジネスが発展していっても、他人の財産や生活を侵したり害したりすることはないと思う。神聖なる利益はこうして初めて得られつづけられるのである。論語の言葉をここに一つ紹介しておく。

子貢《しこう》が尋ねた。

「貧しくてもそのために卑屈になり、人にへつらい、あわれみを乞うような態度でなく、富を得てお金持ちになったとしても、おごり高ぶるふうでもないという人間はなかなかよいと思うのですがどうでしょうか」

孔子曰く、

「それでよいとも思うが、しかし、まだ貧しいとかお金持ちとかに妙にこだわっているところがあるな。貧乏など忘れて自分の信じる正しい生き方を楽しみ、またお金持ちだという意識など持つことなく、礼を大事にして謙虚に生きている人には及ぶまい」

子貢は感心して言った。

「詩経の中にある〝切磋琢磨〟という生き方はまさにこれですね」

これを聞いた孔子曰く、

「賜《し》（子貢の名。子貢は字《あざな》）よ、お前は本当に詩経のことを共に話すことのできる男だ。前の話をすると、まだ話していない後のことまで察することができる。打てば響くような感じだ」

第六章

人格と修養

great person
EIICHI
SHIBUSAWA

人の価値をどこで測るか

人は万物の霊長という。人が動物の中で最も優れている存在ということであれば、その間においてもおのずから優劣があるはずである。ことに「人は死んだ後、初めて評価が決まる」という古い言葉からしても、どこかに優劣の標準があると思われる。ところで、人が鳥や獣と異なるのは、徳を身につけ知恵を学ぶ、世の中に有益な貢献をするというところにある。つまり万物の霊長としてのこうした能力を発揮する者のみ、人たるの価値があるといえよう。

したがって、人の真価を見極める標準もこの意味で論じていきたい。中国の歴史上、周時代においての文王、武王は、殷王の無道の政治を正し、天下を統一して徳のある政治を行った。

後世の人は、文王、武王の二人を聖王（徳のある君主）と呼んでいる。こうしてみると武王、文王、聖王は功名も富貴（富と地位）も共に得た人である。では、文王、武王と並び称せられる孔子はどうか。

孔子の他にも顔回《がんかい》、曽子《そうし》、子思《しし》、孟子のような〝四配《しはい》〟と呼ばれるような人たちも、生涯、道のために天下に遊説して、一生を捧げた。しかし、彼らは戦国の時代にあって、一小国家すら所有することもできなかった。徳においては文王、武王に譲らないものの、富貴（富と地位）という面から見ると比較にもならない。もし富を標準として人の価値を判断すると孔子は確実に劣等生ということになる。

しかし、これは明らかに適当な標準とはいえないだろう。こうしてみると、その人の実践していることを観察し、その動機は何かを見抜き、そしてその人の行為の結果を後の人がいかに貢献したものかを考察しなければ、評価することはできないということになる。

以上のように私たちは人を評し、優劣を論じることを好むが、その真相を見分けるのは困難なことだというのがわかるのである。

人を真に評論とするためには、富貴（富と地位）、功名に属するいわゆる成功や失敗ということは第二において、**まず第一には、その人の世の中にいかに尽したかの精神とその効果によってすべきものである。**

修養は理論ではない　～孔子の教えを実践する日本人

修養（道徳を身につけること）には際限などない。しかし、空理空論に走ることは最も注意しなくてはならない。**修養は理論ではなく、実際に行うべきものであるからどこまでも実践と密接の関係を保って進まなくてはならないのだ。**このように理論と実践、学問と事業が互いに並んで発達していかないと国というものは繁栄発展するものではない。

一方だけが発達するのでは世界の一流国として存在していくことはできなくなるだろう。

学問と実践の両者がよく調和し、密着することで、国の文明が進み、経済力も強くなるし、人も人格の優れた者となっていけるのである。

以上のことを孔子、孟子の儒教で見てみたい。

中国では儒教は尊重されつづけていたが、最も発達したのは朱子（朱熹《しゅき》　1130～1200／儒家。朱子学の創始者）が活躍した宋の時代だ。ところが、学問として非常に発達したものの、それが実際に生かされることがなく国家は弱体化していった。しかし、日本においては、この朱子の研究した学問を実用の学問として用いることで、効果を上げていった。

これをよく用いたのが徳川家康である。家康は、元亀、天正（1570～1592／いわゆる戦国時代）の後の世は、武力のみでは国家を平和に治めることは実現できないとして、中国ではお飾りだけの死学空文となっていた朱子の儒学を採用することにしたのだ。家康の遺訓を見れば、ほとんど論語からの引用であることを見ても、これはよくわかる。こうして徳川三百年の太平をもたらしたのは、学問の活用すなわち実践の面との調和をさせたことにある。学問と実践をきわめて密接ならしめたからの平和だった。

ところが徳川の世が進むにつれ、やがて空論をもてあそぶ風潮も強まり、実践のほうがおろそかになってしまった。このため幕末に至り、徳川の体制がふるわなくなってしまったのである。では現在のわが国の状況はどうだろうか。

私が見るに理論と実践、学問と現実の調和がまだ十分ではないようだ。だからこそ、修養をしていくについては、決して極端に走らず、中庸（極端にかたよらないこと）を失わないようにして、進んでいってほしい。勤勉を旨とし、知恵と人徳を完全なものとして身につけていってほしい。こうして常に自分一人の成功ではなく、社会そして国家の発展に大いに貢献してもらいたいものである。

平生の心がけが大切

総じて世の中のことは心の思うままにならないことが多い。これは自分の心の中のことでさえそうなのだ。たとえば、一度こうと心の中に固く決心したことでも、何かふとしたことからすぐに変わる。人の言葉によっても変わったりする。これらは意志の鍛錬ができていないためである。

平生の心がけが大切ということだ。私自身の経験を話してみよう。私は明治六年に思うところがあって役人を辞め、ビジネス界こそわが天職であるとしてその世界に入った。

しかるに、最初の決心がこのように勇ましいものであったにもかかわらず、実際に進めていくとなかなか簡単ではなかった。以来四十数年、しばしば自分の立てた志がくじけそうになっては危うく踏みとどまりながら、ようやく今日まで来れたのであった。

今から振り返れば、最初に決心した当時に想像したよりも、この間の苦心と変化は、はるかに大変だったと言わざるをえない。もし私の意志が薄弱であったら、それら多くの変化や誘惑に負け、一歩を踏み誤まってしまい、今日、あるいは取り返しのつかぬ結果になっていたかもしれない。

仮に小さな一つのことであっても、踏み誤って、挫折し、方向がおかしくなれば、そこから先は五十歩百歩となる。こうして、もう何をしてもかなうものかという気になるのが人間であるから、止めることなどできなくなったろう。

しかし、私は幸いに、このような岐路に出会うたびに、熟慮考察し、危うく心が動きかけたことがあっても、途中で引き戻り、初心に立ち返れたので四十数年間まず無事に過ごしてこれた。このように、私の経験からも、意志の鍛錬がいかに難しいかがわかるのである。

私が得た教訓を述べておこう。

すなわち一些事のほんの小さなことまでも、これをいいかげんに見過ごしてはいけないということだ。**自分の意志に反することであれば、事の小さい大きいを問うまでもなく、断然これをはねつけてしまわねばならない**。最初は些細なこととあなどってやったことが、ついにはそれが原因となって総崩れとなる結果を生み出すのである。

何事に対してもよく考えてやらなければいけないということだ。

私の「修養のすすめ」批判への反論

私が説く〝修養のすすめ〟に対し、二つの点で批判を受けたことがある。それに対して答えたことをここに紹介しておこう。

批判は二点あった。

一つは、修養は人の本来持っている性質の天真爛漫さを傷つけるからよくないということ、他の一つは、修養は人を卑屈にするというものである。

まず第一の批判について。この批判は、修養と修飾とを取りちがえて考えている。修養とは身を修め、徳を養うということであって、練習も、研究も、克己も、忍耐も、すべて意味するものである。このために人の自然性格や能力を抑えてしまうということではないのである。つまり人は十分に修養したならば、一日一日と過ちを取り去り、よりよい方向に向かい、理想の人間に近づいていくのである。
人は天真爛漫がよいということは、私も強く賛成するものだが、人の七情《しちじょう》すなわち「喜、怒、哀、楽、愛、悪、欲」の発動が、いついかなる場合にも、好き勝手になされてよいものとは言えないだろう。よりよい出し方を身につけるようにしたいものである。

次に第二の批判について。
この批判は、人としての礼儀や節度、他人への気づかい、慎を無視する極論の言いがかりであろう。修養は人としての正しい知恵を増していくことである。それを「卑屈にする」というのは大いなる誤解だと言わざるを得ないだろう。

修養とは、広い意味があり、精神も、知識や知恵も、身体も、行為も、向上していくように努めていくのであることも忘れてはいけない。

以上のように修養がいかに大切なものかがわかってもらえると思う。だからこそ大いに修養されることを切望したいのである。

第七章

算盤と権利

great person
EIICHI
SHIBUSAWA

仁の実践にあたっては師に譲らなくてよい

世の中には、「論語は人間の権利についての思想が欠けている」だから「文明国家の教えとしては不十分である」という人もある。しかし、これは表面的な考察による誤った意見というべきである。確かに、キリスト教を基にした西洋社会の思想と比較すると、権利の思想は弱いと思われるかもしれない。

ただ、これから述べるように、それは孔子の教えを真に理解したものではないと言える。

ところでキリスト教で説く「愛」と論語の教える「仁」とは、ほとんど一致しているようだが、そこには自動的と他動的のちがいがある。

たとえばキリスト教では「自分のしてほしいことを人にせよ」と教えるのに対し、孔子は、「自分のしてほしくないところは人にするな」と反対の言い方で、これを説く。

　これを見ると孔子には一見、権利の思想に欠けているようだが、終局のめざしているところは一致しているのだ。

　私は「宗教」としてはキリスト教のほうがその言葉がよりふさわしいと思うが、「人間の守る道」としては孔子の教え方のほうがはるかによいと思っている（「自分のしてほしいことを人にせよ」は他人にとって余計なおせっかいともなろう）。また、私が孔子をより信じるのは、キリストなどとちがい、奇蹟がないからである。キリストは磔の死から三日後に蘇生したという。もっとも優れた人のことであるから、絶対そういうことはないと断言もできないが、これを信ずれば迷信に陥ることにはなってしまわないだろうか。

　さらに、ここで論語にも権利思想が含まれていることを紹介しておきたい。たとえば孔子の「仁の実践にあたっては師に譲らなくてよい」という教えである。道理の正しいところに向かっていくには、あくまで自己の主張を通してよいというのである。師は尊敬すべき人であるが、仁の実践においてはその師にすら譲らなくてよいというこの言葉には、権利の思想が大いに躍動しているではないか。

実は、この他にもよく論語を読むと、人としての正しい権利思想が含まれていたり、あるいは前提とされていたりするものは多いのである。

この点にもよく注意して読んでみてほしい。

ルーズベルトとの会話そしてその後の日米関係を心配した話

明治三十五年（一九〇二年）に、アメリカに初めて訪問することができた。その時、ハリマン氏、ロックフェラー氏などの他にルーズベルト大統領とも会うことができた。

その際、ルーズベルト大統領は、しきりに日本の軍隊と美術について賞賛された。

「日本の兵は勇敢にして軍略に富み、かつ思いやりの情に深く、節制があってしかも清く正しい。それは北清事件（１８９９〜１９０１／中国で起きた義和団《ぎわだん》の乱を列強諸国が鎮圧した事件）の時に、アメリカの軍隊が行動を共にしてわかったことであり、アメリカ軍は日本の軍隊の善良であることを見て敬服した」というのだ。

これに対し、私はルーズベルト大統領に次のように言った。

「私は銀行家であって美術家ではありません。また軍人でもないから軍事のことも知りません。それなのに大統領閣下は、私に向かって軍事と美術だけをおほめになった。次に大統領閣下にお目にかかる時は、日本の産業や経済に対して賞賛の言葉があるように、私も国民を率いて努力してきます」

するとと大統領は、

「私は日本の産業や経済が劣っているという意味で軍事と美術をほめたわけではありません。日本の有力な人に向かっては、まず日本の長所を述べるのがよいと思ったまでです。決して日本の産業や経済を低く見たわけではありません。私の言い方が悪かったようですが、悪く取られないようにお願いします」

とわびた。

私は、

「いや決して悪い感じは持っていません。ただ、私は、日本の産業や経済が軍事、美術に並ぶ第三の長所になりたいと努めていきたいと覚悟しているまでなんです」

と言い、お互いに愉快な会話を持つことができた。

それから六年後の明治四十一年（1908年）に、アメリカから太平洋沿岸（西海岸）の商工会議所のメンバーが多数来日してくれた。ちょうどアメリカ西海岸を中心に日本人とアメリカ人との関係がまずくなってきているところもあり、わが日本の商工会議所が招いたのである。私も彼らとの会合の中で、たびたび日米の誤解を解いてくれることを求めた。

「アメリカに移住する日本人も、アメリカ人に嫌われないように努力しなければならない。そして、アメリカ人においては、人種とか宗教とかのちがいから、日本人を嫌うようなことは文明国の人間としてあってはならないことだ。もしそれで日本人を嫌い、排斥することがあれば、それはアメリカ建国の趣旨にも反する誤りであると言わざるをえない。

わが日本を、世界に紹介してくれたのはアメリカである。日本は、それを徳として今日まで国交の親善を努めてきているのに、そのアメリカが人種的な偏見、宗教のちがいによる蔑視などして、日本人を嫌って差別的な待遇をするようであってはならない」と。

私の話に対しては、まったくその通りだと彼らも同意してくれたのである。

ただ王道あるのみ

思うに社会問題とか労働問題のようなものは、常に法律の力だけで解決されるものではない。法の制定はもとよりよいことだけれども、法が制定されたからといって、すべてそれで裁断していくことはなるべく避けたいものだ。

経営者は王道をもって労働者に対し、労働者もまた王道をもって経営者に対して、協力してその事業を行ってもらいたいものだ。会社の事業の繁栄は、お互いの利益になることをよく理解し、お互いに力を合わせられるように心がけていくようにしてほしい。これが真の調和であろう。

ある人たちは、社会における貧富の差を強制的に直して、平等に近づけていこうと主張する。もちろん国民のすべてが富豪となることは望ましい。

しかし、人にはいろいろな能力のちがいや努力のちがいなどがあり、すべてを同じにすることは不可能であろう。したがって富の完全なる公平分配は空想というしかない。

要するに、富む者が出るから貧しい者が出る、という理屈で富裕の者をなくすことは、国家の衰弱にもつながるということだ。国を豊かにし、自らも成功したいと欲するからこそ人は日夜、勉強や仕事に励むのである。その結果として貧富の差が出るのは、人間社会の致しかたない仕組みなのである。

ただし、そうは言っても、豊かな者と貧しい者の調和をはかり、弊害を是正することに注意を向けなければならないことも重要である。このこともよく知っておかなくてはならない。これを放っておくことは社会のゆがみを大きくし、禍を生ずることにもなりかねないからだ。こうして私は、王道による社会の発展を強く望むものである。

善の競争と悪の競争

すべて物事に励むためには、競争するということが必要である。競い合うから励みが生ずるのだ。いわゆる競争は勉強そして進歩の母である。**ただ、この競争にも善意のものと悪意のものの二種類があることに注意しなくてはいけない。**

たとえば、毎日人よりも朝早く起きて、よい工夫をし、知恵と勉強でもって他人に打ち勝つというのは善の競争である。これに対し、評判のよい他人のものを真似して利益をかすめ取ろうと考え、正当な対価を払わずにこれを侵害するというのは、悪の競争である。

そもそも事業にはさまざまなものがあり、したがって競争も限りなくいろいろな場面があろう。しかし、それぞれの競争において、その性質が善でなかった場合、ことによっては自分に利益となっても、多くの場合は人を妨げるのみならず、結局は自分も損失を受けるようになる。

そしてその弊害は、ほとんど国全体にまで及ぶようになるのだ。

また、こうしたこと（悪の競争）が外国にまで及べば、日本のビジネス界は困ったものだと軽蔑されるようにもなるだろう。そうなると、害は実に大きなものとなる。

以上のように、どのような分野の事業においても、自分のビジネスについて勉強をよくして、そのうえに注意も十分に払わなくてはならないが、それと同時に他人の利益をかすめ取るような悪の競争はしない、ということを深く心にとめておくようにしなければならないのである。

合理的な経営

　最近の経済界・ビジネス界を見ると、私利私欲のままに事業経営を行う、いわゆる悪徳経営者たちが多いようである。たとえば多数の株主から出資された資金をあたかも自分のもののように心得ちがいし、勝手に運用して、自分の利としてしまおうとする者がいるのである。こうして会社の中は、悪の巣窟《そうくつ》と化し、公私の区別もなく、不明朗な経営活動もさかんに行われているのは、嘆かわしいことである。もちろん顧客情報などは秘密を守る義務があるし、不当な商行為でないもの、公表しなくてもよいとされるものは、わざわざ世間に公表する必要もない。

　ただし、現在ないものをあるといい、ないものをあるというような、嘘をついたり、偽装したりするのはよくないことである。しかし、多くの会社においては、なくてもよいはずの秘密があったり、あるべからざるところに私事が行われているのはどうしてなのか。

私は、そもそもその地位にふさわしくない者たちが、役員に就いているのがよくない、と言いたくなる。


まず第一は、名を連ねているだけの役員である。

第二は、人物は好《よ》いのだが、事業経営の手腕などないという者である。部下の人物も見抜けず、数字にも暗い。彼らが自分から作った罪でなくても、結局救い難い窮地を招くこととなりやすい。

第三は、これが最も悪い役員だが、会社を利用して自分の成功のための踏み台にするとか、私利をはかるために利用しようと考えて、役員や会社経営者となるものである。このような者たちは、実際はありもしない利益をあるように見せたりして虚偽の配当を行ったり、会社の資金を流用して自分の投資に用いたりする。これは結局、この者たちに道徳の修養が欠けるから起こることなのである。**私は常に事業の経営にあ**

たっては、その仕事が国家・社会に必要であるものであり、かつ道理に合うようにしていきたいと心がけてきた。

自分の利益は少なくても、国家・社会の役に立つ事業を合理的に経営すれば、心は常に楽しんで打ち込めるものである。

このことから、私は論語をもって商売上の「バイブル」とし、孔子の道以外に一歩も出ないと努めてきたのである。さらにつけ加えると、わが事業については、一個人の利益ある仕事よりも、社会多数に利益を与えられるようにしていかなければならないと思い、その事業をしっかりと安定させながらも発展させ、繁盛させていくことに心を砕いてきたのである。

以上のように、社会の多くの人の役に立ち利益となることを事業の基本とするのが、合理的な経営となっていくということができよう。**仮に、一個人のみが大富豪になっても、社会の多数がそのために貧困になっていくような事業であったとすれば、どう**

なるだろうか。

いかにその人が富を増やしたとしても、その幸福は継続されないではないか。ゆえに、国家・社会の多数が富を増やし、豊かになる方法でいかないと結局はダメになるということだ。

第八章

ビジネスと武士道

great person
EIICHI
SHIBUSAWA

武士道はすなわちビジネス道である

武士道の真髄は正義、正直、不屈、礼儀、謙譲などの精神により成り立っている。日本人の至ったすばらしき精神である武士道であるが、これが従来においてはビジネスの世界にまで浸透していなかったことが残念であった。昔の事業家は、武士道の精神ではビジネスはうまくいかないと誤解していたのだ。しかし武士に武士道が必要なように、ビジネスにもその道がなくてはビジネス社会も成り立っていかないのである。

つまり、**この武士道にこそわが国におけるビジネスによって成り立つ道があると考えるのである。西洋において発展したビジネス社会は、彼らがお互いに約束を尊重し、たとえ損が出ることになったとしても、一度約束した以上は、かならずこれを履行して契約に反しないようにすることから成長した。強い道徳心から生まれる正義・正道にほかならない。**

一時の利益に目がくらみ、道徳心を失った商取引をする日本人も見られるが、これによって結局は信用を失うことになり、また、このようなことは、わが国の損失となっていくのである。また、どんな手段を用いても私利私欲を充《み》たそうとし、あるいは権力者やお金持ちにこびへつらってでも自分の成功、出世をはかろうという者は、結局、その地位を永く保つことなどできないであろう。どんな職業であろうと、どんな立場にあろうと、いつも自分自身の力でもって進み、正しい道に少しも反しない生き方をし、そして財を築き、繁栄をもたらしていくようにしなければならないのだ。

だからこそ、今こそ武士道をもってビジネス道としなければならない。日本人はあくまで大和魂の発現たる武士道をもってして生きていかなければならないのである。

この武士道をもってすれば、日本人は、ビジネスの世界でも、より大きな地位を占めていくことになるだろう。

いきすぎた外国崇拝との訣別

たびたび識者らが指摘してきたことだが、日本人の悪い傾向の一つに外国のものを崇拝しすぎてしまうというのがある。外国のものだからといって排斥する必要がないように、これを偏重し、日本のものを卑下する理由もないはずである。

それなのに、外国のものといえば優秀なものとばかりの観念が、深く日本人に浸透しているのはよくないことだと思うのである。もっとも日本は遅れて文明を発達させ、しかもその文明も欧米諸国から学び取ったことが多いため、この風潮はしかたない面もあったろう。

しかし維新以来ずいぶん年月はすぎ、今日では東洋の盟主・世界の一流国をもって任じている日本である。いつまでも欧米崇拝では情けない。

たとえば外国の有名ブランドだからといってこの石けんを買い、外国の評判の高いお酒だから飲まなければ時代に遅れてしまうと恐れるようでは、日本国民としての誇りと気概を保つことはできないであろう。

自由な貿易と流通は経済の大原則であるべきであって、私はいたずらに排外主義をあおるつもりはない。排外主義、国産偏重主義は国家の大損失ともなるからだ。ただ、ここで強く述べたいのは、**わが国にふさわしいものをつくり、わが国にないものや、不得意なものを輸入することを、心がけていこうではないかということだ。**

最後に政府・当局者に言っておきたいのは、産業や物品の保護、奨励はやるべき政策だと思うが、不自然そして不相応なやり方は戒めてもらいたいということだ。無理なやり方はよくない。

親切なやり方もかえって不親切となり、保護したつもりが干渉・束縛にもなってしまうからである。こうなるとかえって弊害が出て、その産業も育つことなくダメになってしまうことに注意しなくてはならない。

信こそすべての本である

大和魂、武士道をもって誇りとする日本において、ビジネス界においては道徳に欠ける者がいることは実に悲しいことだ。

これは江戸時代のいわゆる御用学者（朱子学者）らが、儒学をもっぱら武士階級による治政のための学問としてきたことにも原因があったのだ。そこに維新後、欧米の文明が輸入され、ビジネス界に道義的精神や道徳観念が欠乏しているままのところにそれが広まり、ますますおかしくなっていったのだ。

欧米においては、ビジネス界において倫理が説かれ、品性、修養を重要とする声は強い。

しかし、それは宗教（キリスト教）からのものであって、そのままわが国には適応しがたいものである。欧米各国は、このキリスト教を基にして、ビジネス上の利益を上げ、産業を賑わせるのに効果がある科学的な知識、合理的な思考が加わったことで世界において最も大なる勢力となれたのである。

ところが日本人はその宗教的な部分を除き、利益追求、経済発展に効率的な考え方だけを取り入れたのである。**お金儲けや豊かな生活というのは人類の性欲と同じようなものであって、人は本能的に求めるものである。初めから道徳心がないところに西洋の効率的な考え方と方法のみを取り入れることは、火に油をそそぎ、その性欲をあおることになるのは、目に見えて明らかなことであったのだ。**

しかし、このような日本の状態は好ましいものではない。これを放任していては、根のない木に葉を繁しげらせ、幹なき枝に花を咲かそうとするものであり、国家の繁栄もビジネスの活発な発展もとうてい望めないことになろう。**ゆえに商業道徳を徹底的に身につけるようにし、国内のみならず世界的にも信用される事業家、ビジネスパーソンとなっていかねばならない。**

「信用」というのが社会のすべての本《もと》であり、一つの信用が、どんなことにも勝てる力となることを理解することが、わが国の経済界、ビジネス界を堅固に発展させていくための緊急重要課題なのである。

第九章

教育と師弟関係

great person

EIICHI SHIBUSAWA

親孝行は強いるべきものではない

論語には、孝行についていろいろ述べられているが、そこから二つだけ紹介してみよう。

「孟武伯《もうぶはく》が孝行とは何かをたずねると、孔子曰く、父母はただ子の病気のことを心配するものです。だから健康を心がけたいものです」

「子游《しゆう》が孝とは何かをたずねた。孔子曰いわく、このごろの孝行は、親を養えばよいということのようだ。しかし人は犬や馬でも養うだろう。親を敬う心がなかったら、どうしてそれとちがっていると言えるのか」

この他にも孔子は孝行の道について説いているが、私は親から子に対して孝行に励めよと強いるのはよくないと思う。かえって子供が親のために不孝になってしまうのではないだろうか。

私にも子供がいるが、それが将来どうなるものか私にはわからない。私も子供たちには、ときどき論語を語り、「父母はただ子の病気のことを心配する」というようなことを説き聞かせてはいる。親は自分の考え方一つで、子を孝行者にすることもできるが、不孝の子にもしてしまうものである。

自分の思う通りにならない子をすべて親不孝の子と思うのは、大まちがいである。人の子の孝行というのは、このように簡単なことではなかろうと思う。自分のことを話すと自慢話のようになってしまうかもしれないが、思い切って話してみたい。

私がたしか二十三歳の時、父が私に向かって次のように言った。

「お前を十八歳ころから注意して見ているが、どうもお前は私とちがったところがある。読書をしても理解力があるし、また何事にも利発で賢いようだ。私の希望はずっとお前を手許《てもと》において、私の思う通りにしていきたい。しかし、それではかえってお前を不孝の子にしてしまうから、お前の思うままにやってみなさい」

確かに、父が無理に私を父の思う通りのものにしようとすると、かえって父に反抗し、不孝の人間になったかもしれない。幸いに私が不孝の者とならなかったのは、父が私に孝を強いず、私の思うままの志に向かって進ませてくれたおかげである。

このように孝行は親がさせてくれて初めて子ができるもので、子が孝をするのではなく、親が子に孝をさせるのである。

現代教育の問題点

昔の若者と今の若者とは、昔の社会と今の社会が異なるように、かなり異なっている。

私の二十四、五歳のころ、すなわち明治維新前の若者と現代の若者とは、その境遇、その教育がまったく異なっている。したがって、いずれが優り、いずれが劣っているということは簡単には言えないことだ。一部には、昔の若者は元気もあり、志もあって、今の若者よりはるかに偉く、今の若者は軽薄で元気がないと言う者もある。

しかし、一概には言えないだろう。今の者にも偉い者もあれば、昔の者にも偉くない者もあった。維新前の士農工商の階級はきわめて厳格であった。そして武士の間でも、百姓町人の間にも大きな差があったのであり、教育もそれぞれに異なっていた。

百姓町人は、どうしても武士や上流の百姓町人とちがって、大した教育は受けることはなかった。

しかし、今は、岩崎（三菱の創業家）も、三井の子供も、長屋住まいの子供も、皆同じ教育を受けている。だから、こうした多数の中からは、勉強もできないし、品性も劣るような若者が出てきてもしかたのないことであろう。

昔は少数でもよいから偉い者を出すというういわゆる天才教育であったが、今は多数の者を平均して啓発するという常識的教育となっている。

だから昔は、自分の師についても、いかに良い人を選ぶかに苦心しなければならなかったのである。たとえば有名な江戸の儒学者であった熊沢蕃山《ばんざん》（１６１９～１６９１）は、日本陽明学の祖と言われる大儒学者である中江藤樹《とうじゅ》（１６０８～１６４８）のもとに行って、その門人となりたいと願い出たものの許されず、三日間家の前に立ってやっと認められたというのである。ところが、現代では、こうした師弟関係はまったく乱れ、うるわしき師弟の関係も乏しくなったのはさみしい限りとなった。しかし、**やはり、若いときは、良い師に接して、自分の品性・品格を育て磨きあげるようにしたいものである。**

要するに昔は、心の学問をもっぱら学んだが、今は知識を身につけることに力を入れるようになってしまったということである。これでは、人としての品性・品格が身につかなくなってしまうのではないだろうか。そもそも現代の若者の修める学問は何のためにあるのかを教えていない。

論語にも、

「昔の学生は自分を磨き修養するために学問をした。今の学生は人に見せて、認めてもらうために学問をする」

とあるが、まさに今の時代に当てはまる言葉だ。だから、学問を修め終えて実社会に出ても、「自分は何のために学んでいたんだろう」という悩みを持つ者も出てくるのだ。

軽薄な虚栄心だけで学問をし、学ぶ意義と学び方を見誤ってしまうことは、その若者の人生そのものをダメにするだけでなく、国としても大きな損失となっていくことを注意してほしいのである。

知育と徳育

今の学校教育は知育にのみ重きを置きすぎていて、徳育がおろそかになっている。いや欠乏していると言えよう。学生の気風を見ると、勇気と努力そして自覚に欠けているようだ。

私のような古い人間が言うのも何だが、今は、学ぶべき科目が多くて、これに日々追われ、他を顧みる余裕がないのであろう。

したがって人格・常識などの修養に心を向けることもできないのである。いかにも残念である。これから社会に出て大いに発奮努力し、世の中のために尽そうとする人たちにおいては、この点にも心がけてもらいたいと願う次第だ。

ところで国の発展というのは、政治、経済、軍事、ビジネス、学術・技芸などがそろって進むことで可能になるものである。

そのうちの一つが欠如しても完全な発展は見ることができなくなる。それなのに日本においては、ビジネスがこれまであまり顧みられていなかった。この点が欧米に遅れを取っていたのである。

ようやく、わが国においても、いわゆるビジネス教育も進んではきたが、どうしても成果を急ぐために知識偏重のものとなってしまっている。規律、人格、徳義などがおろそかになっているということだ。嘆かわしいことである。

今後は、このような規律、人格、徳義にも重きをおいたうえで、加えて仕事における自分の独創性を発揮できるようにしてもらいたいと思うのである。

くれぐれも注意してほしいのは、孔子が述べているように、

「上から下まで、みんなが自分の利益ばかりを取ることを追い求めたら、その国はまことに危うくなる」

ということを肝に銘じて、ビジネス教育においても知育と徳育をぜひとも併行してやっていってほしいということである。

就職難の原因

経済に需要供給の原則があるように、実社会で働く人間にも、この原則が当てはまる。

いうまでもなく、社会における仕事には限りがある。必要な人を雇うと、それ以上は不要となる。これが資本主義の需給の法則である。しかし、人材は、多くの学校で教育を受け、送り出されてくるから、完全需要が実現しない経済では、すべてを雇い入れることができないのである。ことに今日は、高学歴の人材の供給が過多となっている傾向があるようだ。

学生は一般に、高い教育を受けて、レベルの高い仕事をやりたいと希望するから、たちまちそこに供給過剰となるのである。

学生がこのような希望を抱くのは、個人として当然のことでよいことではあるが、ただ社会的に見ると、あるいは国家的な見地からするとどうだろうか。私は、これは必ずしも喜ぶべきことではないのではないかと思うのである。

すなわち社会というのは一律のものではなく、実にさまざまである。だから、人材においてもいろいろの種類が必要なのである。

つまり会社の社長から、車の運転手までさまざまな人材があっての活力ある社会なのである。こうした見地から人材が配分されることも求められることではないだろうか。

論語と淮南子《えなんじ》より言葉を一つずつ紹介しておきたい。

「毎日新しいことを学び、月ごとにすでに学んだことの復習と反省をできてこそ本当の学問好きといえるだろう」（論語）

「忙しくて学ぶための時間がないという者は、時間ができたときにも学ぶことなどしない者である」（淮南子）

第十章

成功・失敗と運命

great person
EIICHI
SHIBUSAWA

仕事の進め方

およそ仕事というものは、日々励むことで精進し、レベルが上がっていくが、こんなものだろうと甘く見ていると、すぐダメになっていくものである。これはすべてのことについてあてはまる。

また事業を大いなる楽しみを持ち、大いなる好奇心と感動でもって行うことができたならば、どんなに忙しくても、どんなに大変であってもあきがきたり、嫌になったりせず、自分が苦痛を感じることもないだろう。

まったく楽しむこともなく、いやいや仕事をやっていれば、かならず気持ちが疲れてきて、仕事も嫌になり、そして不平不満が出て、結局はその職から自分が退かなくてはならなくなるにちがいない。

前者のように気持を前向きに明るく元気にして、仕事を愉快に進め、そこに楽しみを見つけていくと、限りない喜びを感じられるようになる。それがやがてビジネスの進展をよくしていくようになるのだ。

これに対して後者のように仕事や事業に携わると、精神を萎縮させ、気持ちがうつうつとし、そして疲れてしまい、身体までくたくたとなり、やがてはその身も滅ぼしてしまうことになる。世間ではよく運がよいとか悪いとか言うが、運というのは結局は自分から努力して開いていかなければ、決してつかんでいくことなど不可能なことであることに注意してもらいたいと思うのである。

失敗か成功か

中国の歴史上で聖賢（聖者と賢者）とされているのは、堯《ぎょう》と舜《しゅん》に始まり、それから禹《う》王、湯《とう》王、文王、武王、周公旦《しゅうこうたん》、孔子となるだろう。

このうち孔子を除く人たちは、いずれも生前においてすでに見るべき業績をあげ、世の中の人々の尊敬と崇拝を受けた後に死んでいる。いわゆる今の言葉でいう成功者である。しかし孔子は今の言葉でいう成功者ではない。生前には無実の罪に追われ、陳《ちん》・蔡《さい》の地において苦しめられ、流浪生活も味わっている。そしてこれという見るべき政治上の功績を出したものでもない。

それなのに先に上げた聖賢の中で、現在最も尊敬されているのは孔子である。ということは、その人生は失敗ではなく、真の成功であったと見ることができるのではなかろうか。

わが国においても、たとえば菅原の道真は、大宰府に罪なくして流されてしまった。その陰謀を仕掛けた藤原時平は、その当時の成功者であった。

しかし、今日において時平を尊敬するものなど一人もなく、かえって菅原道真は、全国の天満宮に祀まつられ、尊敬を集めている。とすると菅原道真は失敗したとは言えず、真の成功者と言えるのではないか。

以上から見ると世の中でのいわゆる成功は必ずしも成功ではなく、失敗も必ずしも失敗ではないことがあることに注意しなければならない。思うに、会社の経営など具体的な利益を上げていくのを目的とする者は、もし失敗すると出資者その他多くの人に迷惑を及ぼし多大な損害をかけることになるから、何が何でも成功するように努めていかねばならない。これに対し精神の向上などをめざす分野の仕事は、目の前の成功を求めようと考えてはいけないのではないか。

たとえば文筆・言論などの仕事にたずさわる者が、今の目の前のいわゆる成功を収めようとしてもがくのは、それは時流におもねり、結果をあせるために、社会に真に貢献するような仕事ではなくなるであろう。

渾身の努力を尽していけば、目の前の失敗は決して失敗でなく、あたかも孔子がそうであったように、後世に残る精神の向上と発達に貢献できる仕事ができていくであろう。

順境と逆境

　ここに二人の人間がいるとする。一人は、地位もなければお金もなく、引き立ててくれる先輩もない。ただ、わずかに世の中に立っていけるだけの、ひと通りの勉強をして世に出たとする。しかし、この者には、非凡な能力があって、身体も健全で、とても勉強家で、行いも中庸を得ている。だから何事をやらせても安心できるだけでなく、期待以上のこともやり遂げてしまう。

　このような人間に対しては、誰でも賞讃するはずだ。だから、この者は役人になろうと、民間であろうと、必ず言ったことをやり、仕事もよく成し遂げ、ついにはお金も地位も成功も手に入れていくにちがいない。**こういう人間を世の中では順境の人と言うのだと思うが、実は順境でも逆境でもなく、その人自らの力でそうなっているのである。**

ではもう一人の人間はどうか。この人は、生まれついての怠者で、学校時代から成績はひどく、やっとお情けで卒業させてもらった。

世の中に出ても、性質が愚鈍でかつ勉強などまったくしないから、仕事を与えられても、思うように勤めることはできない。心の中は不平不満でいっぱいとなるから仕事もいいかげんとなり、上司にも受けが悪く、そしてついにはクビとなってしまう。家に帰っても父母兄弟に冷たい目で見られ、地域でも評判が悪くなる。こうして不平はますますつのり、自暴自棄に陥ってくる。こんなとき悪い奴から誘惑されて、悪事に手を染めていく。こうして街をさすらい歩くだけの人間となるのだ。

こういう人間を世の中では逆境の人と言う。また、事実いかにも逆境のように見えてしまうのだ。しかし、実はそうではなく、全ては自らが招いた境遇なのである。以上からすると私は逆境などないと言い切りたいところなのだが、そうも言い切れない場合が一つある。

それは、知能も才覚も何一つの欠点もなく、そのうえ勤勉・精励で人の模範となるような生き方をしている人でも、政治の世界やビジネスの世界において順当にその志を遂げていく人と、反対に何事もその意に反して失敗していく人とがあるのだ。

私は、こういう後者のような場合だけを真の意味で「逆境」と言いたいのである。

こういう人生もあるということだ。そしてこのような逆境においても、孔子のようにひたすら学びつづけ、後世に役立つことを信じてがんばりつづけてほしいと願うのである。

道理に従って事をなす者は必ず栄える

世の中には、悪運が強いため成功しただけの人もある。だから、人を見るのに、単に成功したとか失敗したとかいって、それを基準にして考えるのは根本的にまちがっている。

人は、人としての務めを果たしているのかを基準にして、自分自身の人生を歩んでいくべきであろう。

だから、たとえば善人が運なく失敗することがあったとしても、それだけで失望したり悲観したりすることなど必要ないことなのだ。

そういう意味では、**成功とか失敗とかは、ただその人の真摯な人生・大事な人生の後に身に残ったカスのようなものである。**現代の人の多くは、ただ成功とか失敗とかそれのみを眼中において、それよりもっと大切な天と地の間にある道理を見ていないのではないか。

人生の本質のところを見失い、人生のカスにすぎない金銭、財宝ばかりを見ているのではないか。人はただ、人たるの正しい勤めを果たしていくことを心がけ、自分に与えられた責務を果たして生きていくことを心がけなければならない。広い世界には成功すべくして失敗した例はいくらもある。知者は自ら運命をつくると聞くが、運命のみが人生を支配するものではない。知恵がこれに伴って初めて運命を開拓することができるのである。

いかに善良なる人格者でも、肝賢な知力が乏しいために、ここぞというチャンスを逃したら成功などできるものではないだろう。

家康と秀吉はよくこのことを証明している。仮に秀吉が八十歳まで生き、家康が六十歳で死去していたらどうだったか。

天下は徳川の手に帰さないで豊臣のものだったかもしれない。しかし、数奇なる運命は、徳川氏を助けて豊臣氏に禍した。

私は、徳川氏をして三百年の太平の覇業をなさしめたものは、むしろ運命のなさしめたところがあったと判断している。しかし、この運命をとらえるのが難しいのだ。常人においては、このような運命に乗ずるだけの知力を欠くが、家康においては、その知力によって到来した運命をとらえることができたのだ。とにかく人は誠実に励み勉強して、自ら運命を開拓するのがよい。もしそれで失敗したら、自分の智力が及ばなかったためとあきらめ、また成功したら知恵がうまく活用されたとして、いずれにしても天命にまかせればよい。たとえこうして失敗した時があろうとも、あくまで勉強していけば、いつかは再び好運に出合える時が来るだろう。

人生の行路はさまざまであって、時に善人が悪人に敗けたように見えることもある。しかし、長い間で見てみれば、善悪による差というのは、確実についてくるものである。

だからこそ、成功や失敗について是非善悪を論じるよりも、まず誠実に努力していれば、公平無私なる天は、必ずその人に幸いし、運命を開拓するようにしむけてくれるのである。道理は、天上にある太陽や月のように、いつも私たちの上にある。だから道理に従い事をなしていく者は必ず栄え、道理に反することをする者は必ず亡ぶ。

一時の成功や失敗は、長い人生、価値の多い人生において、出てはすぐ消える〝あぶく〟のようなものだ。それなのに、この〝あぶく〟にあこがれて、目の前の成功や失敗だけを気にしている者が多いようでは、国の将来が思いやられる。どうかこのような浮薄《ふはく》な考えはやめて、実のある生活を心がけてほしい。

こうして道理に従い、正しい道を誠実に生きていけば、成功や失敗のごときはおろか、それ以上に価値ある人生を送ることができるのである。いわんや成功は、人たるの正しい勤めをまっとうしたことによって生じるカスのようなものであることからしても、なおさら意に介することなどなく、道理に従っていけばよいことなのである。

人事を尽くして天命を待て

これが天命であるとか、それが天命であるというのは、人間が勝手に決めていることであって、天が関係するところではない。だからこそ、人間が天を畏《おそ》れて、人間の力ではどうにもならないある種の大きな力の存在を認め、人事を尽くしていれば、よいのだ。無理なことや不自然なことを自分の力で行おうと思わなくなる。

天命は人間がこれを意識していようがいまいが、時がくれば季節が巡って来るように、自然と感じられるものなのだ。丁寧で慎み深い姿勢、進歩向上の心、そして信用ある行動によって、生きていくべきだろう。そうすれば、**「人事を尽くして天命を待つ」**という言葉の本当の意味もわかるというものだ。

成敗は身に残る糟粕《そうはく》

世の中には悪運が強くて成功したように見える人もいないでもない。しかし、そもそも人を見る時に**単に成功した人生だったとか、または失敗した人生だったとか、それを標準とすることが、根本的な誤りではないだろうか。**

それよりも人間は人であるがゆえの務めを標準として自分の身の振り方を考えなければならない。成功とか失敗というものは、一生懸命に生きた人の身に残るような酒粕のことである。

今に生きる人たちは、ほとんど成功や失敗のみ生きる目標にして、糟粕に等しい金銀財宝を主人としている。そのような実体のないものを目標として生きてはいけない。人は誠実に努力し、勉強して自らの運命を開拓するのだ。このようにして、飽きるまで勉強するのであれば、いつかは好運が訪れることもあるのだ。

参考文献

『論語と算盤』渋沢栄一 述、梶山彬編（国書刊行会）
『現代語訳　論語と算盤』渋沢栄一 著、守屋淳 訳（筑摩書房）

著者　渋沢栄一（しぶさわ・えいいち）

1840～1931年。日本近代経済の父とも呼ばれる実業家。生涯に約500もの企業の設立、運営にかかわる。商業学校を創設するなど実業界の社会的向上に努める一方、福祉などの慈善事業にも尽力した。

訳者　阿部正一郎（あべ・しょういちろう）

人類共通の財産そして知恵の源泉である古典を現代に生かし、役立てるための研究をつづけている。いわゆる超訳を中心とした翻訳の仕事にも力をいれていく予定。本書はその第一作目となる。

運命を拓く×心を磨く
渋沢栄一

2024年1月22日　初版発行

訳　者　阿部正一郎
発行者　野村直克
発行所　総合法令出版株式会社
〒103-0001　東京都中央区日本橋小伝馬町15-18
EDGE小伝馬町ビル9階
電話　03-5623-5121
印刷・製本　中央精版印刷株式会社

落丁・乱丁本はお取替えいたします。

ISBN 978-4-86280-932-2
総合法令出版ホームページ　http://www.horei.com/